REISE LEXIKON KUNST

Übersichtskarte

Georg Piltz

Brandenburg

Urania-Verlag Leipzig · Jena · Berlin

Piltz, Georg:
Reise-Lexikon Kunst Brandenburg / Georg Piltz. – 1. Aufl. –
Leipzig; Jena; Berlin: Urania-Verl., 1991
ISBN 3-332-00484-0

ISBN 3-332-00484-0
1. Auflage 1991

Urania-Verlag Leipzig · Jena · Berlin, 1991
Karten: Heinz Kutschke
Buchgestaltung: Helmut Selle
Printed in Germany

DIE MARK BRANDENBURG

ist erst im 12. und 13. Jh. von Deutschen besiedelt worden. Mit den deutschen Siedlern kamen die Zisterzienser in das von Kriegen verwüstete Land. Im Gegensatz zu den anderen Mönchsgemeinschaften, die sich von zins- und fronpflichtigen Bauern ernähren ließen, nahm dieser Orden in seiner Frühphase den Grund und Boden, den er geschenkt oder zugewiesen erhielt, selbst unter den Pflug. Da die Zisterzienser Bauern und Handwerker, die vor der Willkür der Feudalen Schutz suchten, Zuflucht boten und somit über große, straff organisierte Arbeiterscharen verfügten, entwickelten sich ihre Klöster zu landwirtschaftlichen Lehr- und Musterbetrieben, die weit über den engeren Bereich hinaus befruchtend wirkten. Ernst und streng wie die Ordensregeln waren die Bauten, welche Mönche und Laienbrüder errichteten. Die großen Klosterkirchen in Doberlug, Zinna, Lehnin und Chorin legen für die allen Prunk schroff verneinende Baugesinnung der Zisterzienser Zeugnis ab.

Die große Zeit der märkischen Städte war das späte Mittelalter. Fast ein Jahrhundert lang – vom Tode des letzten askanischen Markgrafen Woldemar (1319) bis zur endgültigen Niederwerfung der von den Quitzows angeführten Adelsfronde (1414) – herrschte in der Mark Anarchie. Die Städte bildeten das einzige stabile, die Ordnung wahrende Element in dem zerrütteten Land. Sie mußten wehrhaft sein, wenn sie den Erpressungen des Adels widerstehen wollten. Damals entstanden die mächtigen Befestigungswerke von Wittstock, Bernau und Jüterbog. Trotz dieser gewaltigen Leistungen blieb noch ein Überschuß an Kraft, der vor allem dem Kirchenbau zugute kam. Die märkischen Städte schmückten sich mit Kirchenbauten, die oft so groß waren, daß die gesamte Bürgerschaft nicht ausreichte, sie zu füllen. Die Stadt Brandenburg zählte im Mittelalter nie mehr als 10 000 Einwohner, aber sie besaß fast ein Dutzend Kirchen und Kapellen, von denen acht teils unversehrt, teils als Ruinen erhalten sind.

Kaum eine andere deutsche Landschaft ist im Dreißigjährigen Krieg so oft und so gründlich verwüstet worden wie die Mark Brandenburg. Das einst blühende Land erholte sich nur sehr langsam. Der Barock brachte hier nur wenige Werke hervor, die mit den großen barocken Schöpfungen in Sachsen verglichen werden können. Erst drei Generationen nach dem Ende des langen Gemetzels entstand in der Mark wieder eine Kunst von überregionaler Bedeutung: das märkische Rokoko. Die Schöpfungen des märkischen Rokokos besitzen Eigenschaften, die der norddeutschen Kunst bis dahin fehlten: Sie sind elegant und liebenswürdig. Die Kunst wird zum genialen Spiel mit Form und Farbe, sie dient allein dem Zweck, den Alltag festlich zu verklären; ihre Devise lautet: Es lebe die Freude!

Zur Benutzung: Die hinter dem Ort stehenden Zahlenkoordinaten verweisen auf die Karten am Ende des Buches, wo auch ein kurzes Register jener Ortsteile steht, die unter einem anderen Stichwort in der durchgehenden alphabetischen Gliederung erscheinen.

A

AHRENSDORF (bei Ludwigsfelde) (VI 1). In der *Dorfkirche* (spätmittelalterlicher Feldsteinbau) reicher Altaraufsatz 1689 von V. Neukrantz.

ALTDÖBERN (VII 3). *Schloß*, dreigeschossige, im Kern barocke Dreiflügelanlage (1717, umgebaut 1749 und 1880–1883), mehrere Räume mit alter Ausstattung, u. a. Treppenhaus (Wand- und Deckengemälde von Krinner 1750), Grüner Saal (reiche Schnitzereien und Stukkaturen, Wandgemälde), Teesalon (Wandgemälde von Moreau d. J.) und Marmorsaal (reiche Stuckdekorationen mit Reliefs). – *Park*, im Kern Barockanlage (1755, teilweise erhalten), seit 1880 Umgestaltung zum Landschaftspark, mehrere Sandsteinstatuen (1755 von G. Knöffler).

ALTENAU (VI 3). *Dorfkirche*, spätromanisch 13. Jh., im 17. Jh. erweitert; Altaraufsatz um 1615.

ALTFRIEDLAND (IV 3). *Klosterkirche* des ehemaligen Zisterzienser-Nonnenklosters (gegründet um 1230), einschiffiger frühgotischer Granitbau, im 18. und 19. Jh. stark verändert. – Von den spätgotischen *Klostergebäuden* (15. Jh.) Reste des Kreuzgangs und zweischiffiges Refektorium erhalten.

ALT KRÜSSOW (I 1). In der spätgotischen *Dorfkirche* (geweiht 1520, Westpartie und Turm 1880) bemerkenswert: Spätgotischer Schnitzaltar (um 1470/80) und drei Schnitzfiguren (um 1520).

ALTLANDSBERG (III 3). Große Teile der *Stadtmauer* erhalten, im Süden zwei Wälle und Gräben, neben dem ehemaligen Berliner und Strausberger Tor ein quadratischer Torturm (14./15. Jh.). – *Wohnhausbau*, meist zweigeschossige Traufenhäuser (Mitte 19. Jh.). – *Pfarrkirche*, dreischiffige gotische Hallenkirche (im Kern 13. Jh., um 1500 spätgotisch umgebaut, 1845/46 und 1892/93 erneuert) mit stark überhöhtem Mittelschiff, Stern- und Kreuzrippengewölbe, querrechteckiger Turmunterbau, barocke Haube von 1772; spätgotischer Taufstein, Kanzel um 1600, Grabstein 2. Hälfte 16. Jh. – Ehemalige *Schloß-*

Altdöbern, Schloß

kirche, barocker Saalbau (im Kern um 1670, 1768 und 1896 umgestaltet) über quadratischem Grundriß, West- und Südportal um 1670, Nordportal um 1710, an der Südseite Turm von 1802, neubarocke Ausstattung.

ALT MADLITZ (IV 3). *Herrenhaus,* schlichter dreigeschossiger Barockbau (Mitte 18. Jh.) mit zweigeschossigem Seitenflügel (2. Hälfte 18. Jh.). – Großer *Landschaftspark* (um 1800) mit klassizistischen Gartenarchitekturen. – *Dorfkirche,* im Kern mittelalterlich, im 18. und 19. Jh. verändert; klassizistische Kanzelwand, spätgotisches Kruzifix um 1520, Grabsteine und Epitaphe 17. und 18. Jh.

ALT RUPPIN (II 2). *Pfarrkirche,* einschiffiger frühgotischer Backsteinbau (13. Jh., 1598/99 erweitert und umgestaltet, 1846 erneuert), gotisierender Turm von 1598; Kanzelaltar 1712, Orgelprospekt Mitte 18. Jh., Grabdenkmäler 16. und 18. Jh.

ANGERMÜNDE (III 2). Gründung zwischen 1230 und 1267 durch die Markgrafen Johann I. und Otto III., 1284 urkundlich civitas genannt, annähernd quadratischer Umriß mit weit ausgezogener Nordwestecke, die teilweise geschwungenen Straßen gewöhnlich im rechten Winkel gekreuzt, in der Mitte rechteckiger Markt. Von der *Stadtbefestigung* größere Teile der Stadtmauer (im Süden) sowie ein Rundturm (Pulverturm) mit Zinnenkranz und Spitzhelm (15. Jh.) erhalten. – Von der zum Teil überbauten spätromanisch-frühgotischen ***Burg*** (Schloßwall) nur noch der Torturm und ein Eckturm (um 1250) vorhanden. – ***Rathaus,*** zweigeschossiger spätbarocker Bau mit klassizistischen Details (1828), Ecklisenen und Türmchen, 1923 mit zwei Flügelbauten versehen. – ***Heimatmuseum*** (Brüderstr. 14), u. a. Geologie des Kreises Angermünde, ur- und frühgeschichtliche Funde aus dem Kreisgebiet. – ***Ehm-Welk-Gedenkstätte*** (Puschkinallee 10), Ausstellung über Leben und Werk des Dichters Ehm Welk (geb. 1884 in Biesenbrow, Kr. Angermünde). – ***Pfarrkirche St. Marien,*** dreischiffige Hallenkirche (urspr. frühgotisch 13. Jh., im 15. Jh. in Backstein erweitert und umgebaut) mit Stern- und Rippengewölben, an der Nordseite Marienkapelle und Sakristei, querrechteckiger Westturm mit Staffelgiebeln. Bemerkenswerte Ausstattungsstücke: Bronzener Taufkessel (getragen von drei Männern, an der Wandung Heiligenfiguren) 1. Hälfte 14. Jh. von

Angermünde, Marienkirche, Taufkessel

J. Justus. Drei Renaissance-Reliefs (Abendmahl, Kreuzigung, Himmelfahrt) 1601. Orgelprospekt 1742–1744 von J. Wagner aus Berlin. – Ehemalige *Franziskanerkirche* (urspr. Mitte 13. Jh., um 1300 erweitert und umgebaut, Gewölbe 1802 abgebrochen), Langhaus mit südlichem Seitenschiff, langgestreckter Chor mit Lettner, reiches Nordportal. – *Heiliggeistkapelle,* einschiffiger spätgotischer Backsteinbau (15. Jh.) mit Sterngewölben, Ost- und Westgiebel sowie Südseite mit Blendengliederung. – In der *Dorfkirche* des Ortsteils Dobberzin (Mitte 13. Jh.) ungewöhnlich reicher Kanzelaltar 1699 von Ch. Schurig aus Angermünde.

ANNENWALDE (III 1). *Dorfkirche,* schlichter klassizistischer Bau 1830–1833 von Bauinspektor Hermann aus Zehdenick (Pläne von K. F. Schinkel revidiert); schlichte Ausstattung der Entstehungszeit.

ATTERWASCH (VII 2). *Dorfkirche,* einschiffiger frühgotischer Feldsteinbau um 1300.

B

BADINGEN (III 2). *Festes Haus,* zweigeschossiger Feldstein- und Backsteinbau vermutlich 2. Hälfte 16. Jh., im Innern Räume mit ungefügen Sterngewölben. – *Dorfkirche,* einschiffiger Feldsteinbau (13. Jh.) mit Balkendecke; Totenschild nach 1666.

BARDENITZ (V 1). *Dorfkirche,* im Kern spätromanischer Backsteinbau (13. Jh.) mit spätgotischem Chor (15. Jh.), Reste spätgotischer Wandmalereien; Altaraufsatz 1721, Kanzel 1. Hälfte 18. Jh., Grabstein nach 1731.

BARENTHIN (I 2). *Dorfkirche,* einschiffiger spätgotischer Feldsteinbau 1. Hälfte 15. Jh., Gemälde an den Emporenbrüstungen (Szenen aus dem Leben Christi) 1. Viertel 18. Jh.; Altarbild (Auferstehung) 1716 von C. L. Schlichting.

BARUTH (VI 1). *Schloß,* schlichter eingeschossiger Barockbau (17. Jh.), am Ostgiebel zweigeschossiger Anbau (Mitte 19. Jh.) und sog. Küchentrakt (Anfang 20. Jh.). – *Schloßpark,* 1838 nach einem Plan von P. J. Lenné. – *Pfarrkirche St. Sebastian,* dreischiffige gotische Hallenkirche (Anfang 16. Jh., 1671 erneuert, Ausstattung und Holzdecke 1678), an der Nordseite Herrschaftslaube mit Sterngewölben und Maßwerkgiebel; Altaraufsatz 1679 von A. Jäger aus Finsterwalde und M. Scharbe aus Lübben, Kanzel 1680, Orgelempore 1683.

BASDORF (III 3). ***Dorfkirche,*** einschiffiger spätgotischer Bau (15. Jh.) mit Sternrippengewölbe, Westturm von 1737; Altaraufsatz 1707 von Ch. Krueger, Moseskanzel 1690.

BATZLOW (IV 3). ***Dorfkirche,*** frühgotischer Feldsteinbau (Anfang 14. Jh.) mit querrechteckigem Westturm.

BECHLIN (II 2). ***Dorfkirche,*** stattlicher spätromanischer Feldsteinbau Mitte 13. Jh.; reicher Kanzelaltar 1713.

BEELITZ (V 1). ***Pfarrkirche,*** dreischiffige Hallenkirche (im Kern frühgotisch 2. Hälfte 13. Jh., im 1. Viertel 16. Jh. umgebaut, 1898–1902 erneuert) mit Kreuzrippen- und Sterngewölben, an der Nordseite des Chors sechseckige Blutkapelle (gestiftet 1370) mit Sterngewölbe, querrechteckiger Turm mit Aufsatz des 18./19. Jh.; Spätrenaissance-Kanzel 1656. – ***»Alte Post«*** (ehemaliges Postrelaishaus), schlichter Barockbau (um 1789), im Saal des Obergeschosses Wandbilder von Ideallandschaften, vermutlich von einem Fechhelm-Schüler.

BEERFELDE (IV 3). ***Dorfkirche,*** frühgotischer Feldsteinbau (2. Hälfte 13. Jh.) mit querrechteckigem Westturm; Tafelbild (Kreuzigung) 1713, gußeiserner Taufständer um 1850.

BEESKOW (VII 1). Bedeutende Teile der ***Stadtmauer*** mit Wiekhäusern und Türmen erhalten, an einigen Stellen Wehrgang mit Zinnen. – ***Schloß*** (Heimatmuseum), von dem spätgotischen Backsteinbau (1519–1524 mit Benutzung älterer Teile, die Ruine im 18. und 19. Jh. ausgebaut) der Bergfried und ein Saal mit Balkendecke des 17. Jh. (in neueres Wohnhaus eingebaut) erhalten. – ***Heimatmuseum,*** u. a. Erinnerungsstücke an den Australienforscher L. Leichhardt (geb. 1813 in Trebatsch bei Beeskow). – ***Pfarrkirche St. Marien,*** dreischiffige spätgotische Backstein-Hallenkirche (begonnen 1388, vollendet 1511, seit 1945 Ruine), an der Südseite zweites niedrigeres Seitenschiff (zur Notkirche ausgebaut), an der Nordseite des Chors wiederaufgebaute Sakristei mit spätgotischen Wandgemälden (u. a. hl. Hieronymus); spätgotischer Schreinaltar 15. Jh., ergänzt im 16. Jh. – Barockes ***Pfarrhaus*** von 1750.

BEETZ (II 2). ***Dorfkirche,*** schlichter Fachwerkbau von 1758; Kanzelaltar und Taufengel der Entstehungszeit, Epitaph um 1600.

BELZIG (V 1). ***Burg Eisenhardt*** (Jugendherberge und Heimatmuseum), von der Anlage des frühen 13. Jh. nur der runde Bergfried (33 m hoch) erhalten, an den Ecken der Ringmauer (vermutlich nach 1465) Rundtürme mit Stückpforten, im nördlichen Eckturm Verlies, das Gebäude an der Südseite (um 1500) mehrfach umgebaut, in der Flurhalle Zellengewölbe. – ***Heimatmuseum,*** u. a. einzelne ur- und frühgeschichtliche Funde, heimatkundliche

Ausstellung zur Geschichte des Kreises Belzig, Gegenstände der bäuerlichen Volkskunst, Bauernstube. – ***Postmeilensäule*** von 1725. – An den ***Bürgerhäusern*** mehrere Renaissance-Sitznischenportale (meist 17. Jh.). – ***Rathaus,*** zweigeschossiger Renaissancebau (17. Jh.) mit Giebel aus dem 19. Jh. – ***Pfarrkirche,*** einschiffiger spätromanischer Granitbau (13. Jh., mehrmals abgebrannt und wiederhergestellt) mit Querschiff und im 15. Jh. angefügtem südlichem Seitenschiff, über dem Seitenschiff drei Giebel, querrechteckiger Feldsteinturm mit nördlichem Barockaufsatz; Altaraufsatz 1661, spätgotisches Kruzifix, Gemälde (Leben Christi) 1616. – ***St.-Briccius-Kapelle,*** spätgotischer Granitbau auf rechteckigem Grundriß (vermutlich 15. Jh.), möglicherweise auf der Grundlage eines romanischen Vorgängerbaus, Chorpolygon, kleiner Glockenturm.

BERGE (II 3). ***Dorfkirche,*** schlichter barocker Saalbau von 1744; reicher Kanzelaltar der Entstehungszeit.

BERGHOLZ (V 1). ***Dorfkirche,*** stattlicher spätromanischer Feldsteinbau 13. Jh.; Altaraufsatz um 1700, Kanzel spätes 17. Jh.

Belzig, Burg Eisenhardt und Postmeilensäule

BERNAU (III 3). Deutsche Gründung aus wilder Wurzel, aus einer städtischen Siedlung bei der Marienkirche und zwei wüsten Hufendörfern zusammengewachsen (Stadtrecht frühestens 1232), annähernd kreisförmiger Umriß, Stammsiedlung bei der Kirche im Norden in halber Radform, im übrigen Gitterform, in der Mitte rechteckiger Markt. Die mit rechteckigen oder halbrunden Wiekhäusern besetzte *Stadtmauer* zum größten Teil erhalten, an der Nordseite drei Gräben und Wälle, im Nordwesten Pulverturm mit Zinnenkranz und gemauertem Helm, ferner das *Steintor* (Heimatmuseum), viergeschossiger spätgotischer Backsteinbau (nach 1450) mit Barockhaube (1752), sog. untere Rüstkammer mit Kreuzrippengewölbe. Nördlich vom Steintor Mauer mit zwei Wehrgängen und sog. Hungerturm. – *Heimatmuseum* (Steintor), u.a. Stadtgeschichte, städtisches Gerichtswesen, Bürgerbewaffnung (Rüstkammer mit Waffen und Knechtsharnischen), städtisches Handwerk (Seidenweberei und -wirkerei). – *Rathaus,* zweigeschossiger klassizistischer Bau (1805 nach Plänen des Bauinspektors Dornstein aus Wriezen), in der Mitte und an den Ecken Putzquaderung. – *Pfarrkirche St. Marien,* spätgotische Backstein-Hallenkirche (Hauptbauzeit letztes Viertel 15. Jh., 1519 Vollendung der Mittelschiffsgewölbe, Restaurierung im Gange) mit Sterngewölben, im Süden schmales Seitenschiff, im Norden zwei breitere Seitenschiffe, Chor mit Umgang, Westturm von 1846. Von der reichen Ausstattung besonders bemerkenswert: Spätgotischer Hochaltar mit sechs Flügeln (im Schrein Marienkrönung mit vier Heiligen und zwei Engeln) um 1520, Triumphkreuzgruppe um 1520. Sakramentshaus um 1500. Taufe 1606. Kanzel 1609. An der Ostwand der Nordseitenschiffe Ölbergrelief (Anfang 15. Jh.), darüber Geißelung Christi (1591). Maria mit zwei Leuchterengeln Anfang 16. Jh. Gestühl 16./17. Jh. Mehrere Epitaph-Gemälde 16./17. Jh. – *Spitalkapelle St. Georg,* einschiffiger spätgotischer Backsteinbau (15. Jh.) mit Kreuzrippengewölben, im Westen Blendengiebel, schlankes Dachtürmchen. – *Hochschule der Gewerkschaften,* Kernbau der Anlage 1928–1930 von H. Meyer (1928–1930 Direktor des Dessauer Bauhauses), nach 1945 Erweiterung des Komplexes.

BERTIKOW (III 1). *Dorfkirche,* stattlicher Feldsteinbau Mitte 13. Jh.; spätgotischer Flügelaltar (im Schrein Maria mit Martin von Tours und Otto von Bamberg) Ende 15. Jh., Kanzel um 1600.

BETTEN (VI 3). In der *Dorfkirche* spätgotischer Flügelaltar Anfang 16. Jh.

BIEGEN (VII 1). *Dorfkirche,* frühgotischer Feldsteinbau 2. Hälfte 13. Jh., im Chor Reste spätgotischer Wandmalereien (Passion Christi) 1. Hälfte 15. Jh.; Altaraufsatz Ende 16. Jh., figürliches Epitaph nach 1601.

Bernau, Steintor und sogenannter Hungerturm, durch Stadtmauer mit zwei übereinanderliegenden Wehrgängen verbunden

BLANKENFELDE (VI 1). *Dorfkirche,* im Kern 2. Hälfte 13. Jh., Langhaus im 18. Jh. angefügt, 1978 ausgebrannt, Ausstattung beschädigt; Altaraufsatz 1744–1746 von E. Voß, figürliches Epitaph nach 1722.

BLANKENSEE (VI 1). *Herrenhaus* (Schule), zweigeschossiger Barockbau von 1701, im *Park* reiche Skulpturensammlung aus dem Besitz des Schriftstellers Hermann Sudermann, darunter italienische Barockplastiken. – In der *Dorfkirche* (spätes 17. Jh.) aus derselben Sammlung venezianischer Brunnenstein aus Marmor (2. Hälfte 12. Jh.), jetzt als Taufstein benutzt. – Im Dorf zweistökkiges *Mittelflurhaus,* wohl von 1649, mit bäuerlich-volkskundlicher Sammlung (Heimatmuseum).

Blankensee, Heimatmuseum

BLINDOW (III 1). ***Dorfkirche,*** einschiffiger Feldsteinbau des 13. Jh. mit Westturm von 1917; reicher Altaraufsatz 1607, gotischer Taufstein Mitte 14. Jh.

BLUMBERG (bei Gramzow) (IV 1). ***Herrenhaus,*** schlichter klassizistischer Bau um 1800. – ***Dorfkirche,*** Feldsteinbau (13. Jh.) mit querrechteckigem Westturm; Altaraufsatz 1708, Kanzelkorb und Orgelprospekt 1773.

BLUMBERG (bei Bernau) (III 3). ***Dorfkirche,*** stattlicher Feldsteinbau (2. Hälfte 13. Jh.) mit querrechteckigem Westturm, im 15. Jh. zur zweischiffigen Anlage umgebaut und eingewölbt; fünf Bildnisse 16.–18. Jh., Epitaph des v. Goldbeck 1820 von J. G. Schadow.

BÖRNICKE (bei Bernau) (II 3). ***Dorfkirche,*** frühgotischer Feldsteinbau mit stattlichem Westturm, im 16. Jh. zur zweischiffigen Anlage umgebaut und eingewölbt; Kirchenältestenbank 1679.

BOITZENBURG (III 1). ***Schloß,*** vom Renaissancebau (Ende 16. Jh.) erhalten: »Oberhaus«, drei Zwerchhäuser mit Pilastergliederung, Portal im oberen Hof, Jagdzimmer mit reichen Stukkaturen (1. Hälfte 17. Jh.); die übrigen Teile 1881–1884 gänzlich umgebaut. – ***Schloßpark*** (urspr. Barockanlage, um 1840 von P. J. Lenné zum Landschaftspark umgestaltet und beträchtlich erweitert) mit klassizistischem ***Gedächtnistempel*** (1804 von C. G. Langhans), im Innern urspr. Marmorfigur einer Trauernden,

Werk der Schadow-Schule (jetzt vor dem Schloß aufgestellt). – *Marstall,* zweigeschossiger klassizistischer Bau (Ende 18. Jh.) mit Mittelrisalit. – Von dem außerhalb des Ortes gelegenen *Kloster* (gegründet 1269) Nordwand der Kirche mit halbem Chor sowie West- und Südwand des Konventhauses erhalten. – *Pfarrkirche,* einschiffiger frühgotischer Granitbau (13. Jh., im 18. und 19. Jh. stark verändert) mit viergeschossigem Barockturm. Bemerkenswerte Ausstattungsstücke: Altaraufsatz und Kanzel um 1718. Eiserne Taufe 1841. Grabdenkmal für G. D. v. Arnim, gest. 1733. Grabsteine 17./18. Jh., sämtlich der Familie v. Arnim.

BORNE (V 1). *Dorfkirche,* spätromanischer Feldsteinbau um 1225; Altaraufsatz 1713, Kanzel 17. Jh., Grabdenkmäler 17.–19. Jh.

BORNSDORF (VI 2). *Schloß,* unregelmäßige Dreiflügelanlage der Renaissance 16. Jh., 1734 barock umgebaut. – *Dorfkirche,* einschiffiger spätgotischer Bau vermutlich 15. Jh.; reiche Kanzel um 1730, zwei lebensgroße Sandsteinfiguren 17. Jh.

BRAHMOW (VII 2). *Herrenhaus,* schlichter klassizistischer Bau Anfang 19. Jh.

BRANDENBURG/HAVEL (II 3)
Ursprünglich slawische Festung an der Havel zwischen Plauer und Beetzsee am Fuße des Marienberges. 928 Eroberung der Feste durch ein sächsisches Heer unter König Heinrich I., Errichtung eines deutschen Burgwards. 948 Gründung des Bistums Brandenburg. 983 großer Slawenaufstand, Vertreibung von Bischof und Domkapitel. 1150 Tod des letzten Hevellerfürsten Pribislaw. 1157 erneute und letzte Eroberung der Festung durch ein Heer unter dem Askanier Albrecht dem Bären. 1161 Rückverlegung des Bischofssitzes nach Brandenburg, zunehmende Einwanderung von deutschen Kaufleuten und Handwerkern. Um 1170 Entstehung der Ackerbausiedlung in der Altstadt, um 1200 der Kaufmanns- und Marktsiedlung in der Neustadt. Die Stadt folglich aus drei Siedlungskernen zusammengewachsen: Der Dombezirk auf der Dominsel (erst 1930 eingemeindet), daran angelehnt die beiden Kietze (spätere Domgemeinde). Die Neustadt (um die Katharinenkirche) mit rechteckigem Markt und annähernd rechtwinklig gekreuzten Hauptstraßen. Die Altstadt (um die Gotthardtkirche) mit birnenförmigem Grundriß und Straßengitternetz mit rechteckigem Markt. 1249 Vereinigung des Dorfes Luckenberg (Nikolaikirche) mit der Altstadt. Im 14. und 15. Jh. wirtschaftliche Blüte (vorwiegend durch Handel und Erzeugung von Tuchen), Höhepunkt der architektonisch-künstlerischen Entwicklung (Neubau der Katharinen- und Gotthardtkirche). 1518 Austritt Brandenburgs aus der Hanse. 1562 Abdankung des letzten Bischofs, Einsetzung einer landesherrlichen Bistumsadministration. Während des Dreißigjährigen Krie-

ges Rückgang der Einwohnerzahl von etwa 10 000 auf 4 000. 1690 Einwanderung von Hugenotten (Lederverarbeitung und Gerberei). 1715 Vereinigung von Alt- und Neustadt. Erst im 19. Jh. Entwicklung über die beiden Stadtkerne hinaus. Im zweiten Weltkrieg starke Zerstörung der Stadt durch Luftangriffe und unsinnige Verteidigung Ende April 1945.

Bauten auf der Dominsel

Dom St. Peter und Paul. Baubeginn um 1165, Ende der ersten (romanischen) Bauperiode um 1193, in den zwanziger Jahren des 13. Jh. Umbau der Krypta und Verlängerung der Kirche nach Westen, in den siebziger und achtziger Jahren des 14. Jh. Umwandlung in eine gotische Basilika, 1426 umfangreiche Erneuerung, 1672 Fertigstellung des Turmes, 1836 Abschluß der Arbeiten am Westbau und neuer Turmhelm, 1962–1966 umfangreiche Si-

Brandenburg/Havel
1 Dom St. Peter und Paul, 2 Kapelle St. Peter, 3 Katharinenkirche, 4 Ruine der Kirche St. Pauli und Klostergebäude, 5 Kapelle St. Jakob (jetzt Dreifaltigkeitskirche), 6 Steintorturm, 7 Altstädtisches Rathaus mit Roland, 8 Gotthardtkirche, 9 Ruine der Pfarrkirche St. Johannis, 10 Nikolaikirche, 11 Heimatmuseum (Freihaus), 12 Altstädtische Mauer, 13 Neustädtische Mauer, 14 Plauer Torturm

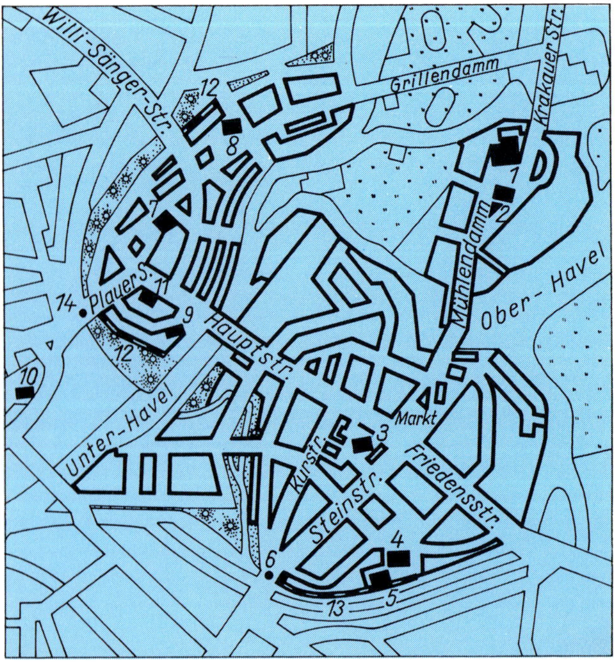

Brandenburg, Dom, Kanzelfigur

cherungs- und Restaurierungsarbeiten. Dreischiffige Pfeilerbasilika mit Querschiff, Krypta und einschiffigem Chor, Kreuzrippengewölbe, an der Nordseite des Chors zwei übereinanderliegende Kapellen, in der unteren Kapelle Reste von früh- und spätgotischen Wandgemälden, zweischiffige Krypta mit Kreuzrippengewölben und reichen Figuren- und Laubwerkkapitellen (seit 1953 Gedächtnisstätte für die Blutzeugen der evangelischen Kirche 1933–1945), bei der letzten Restaurierung zum Langhaus und zu den Kreuzarmen in je zwei Bogenstellungen geöffnet, dieser historische Befund unmittelbar verwandt mit der Krypta der Klosterkirche in Jerichow. Am nördlichen Querschiffsarm reicher Staffelgiebel, am unvollendeten Westbau südlicher Turmstumpf und Mittelteil mit Zinnenkranz, Nordturm mit achteckigem Aufsatz und stumpfem Helm, reiches Westportal, am Kämpfergesims figürliche Reliefs (Tierfabeln). Besonders bemerkenswerte Ausstattungsstücke: Spätgotischer Flügelaltar (im Schrein Maria zwischen Petrus und Paulus) 1518. Flügelaltar, sog. Böhmischer Altar (im Schrein Marienkrönung mit vier Heiligen), um 1375/80. Flügelaltar (im Schrein Maria mit Kind) um 1430. Gemalter Flügelaltar (im Mittelteil Marienkrönung, Apostel, Heilige und Märtyrer) 1465. Kruzifix 1357. Sitzmadonna frühes 14. Jh. Sakramentshäuschen 1375. Triumphkreuzgruppe um 1430/40. Vesperbild um 1420/30. Schmerzensmann um 1500.

Brandenburg, Dom, Maria im Schrein des Hochaltars

Frügotischer Levitensitz. Chorgestühl 1539. Kanzel 1691. Taufstein Mitte 16. Jh. Orgelprospekt 1723–1725 von J. G. Glume. Zwei Messingleuchter in Gestalt von knieenden Engeln 1441. Grabdenkmäler Ende 14.–18. Jh. – Von den ***Klausurgebäuden*** (Dom-Museum) erhalten: Ostflügel (1. Hälfte 13. Jh., später umgebaut), an seinem Nordende zweischiffige Halle (wahrscheinlich Kapitelsaal). Nordflügel (vermutlich 14. Jh., um 1830 stark verändert). – Im Klausurgebäude das ***Domarchiv,*** u. a. wertvolle Handschriften (Stiftungsurkunde Ottos I. von 949, Evangelistar Anfang 13. Jh.) sowie reicher Bestand an mittelalterlichen Textilien (u. a. Hungertuch um 1290).

Kapelle St. Peter. Zweischiffiger frühgotischer Backsteinbau (Mitte 13. Jh.) mit spätgotischen Zellengewölben (um 1520). Bemerkenswerte Ausstattungsstücke: Altartriptychon (um 1500), Kreuzigungsgruppe mit Heiligen und Stiftern. Kanzel 1768.

Bauten der Neustadt

Katharinenkirche. 1395 Abbruch des ersten Baues (1. Hälfte 13. Jh.) unter Erhaltung von Westfront und Turm, Neubau (begonnen 1401) unter Leitung von H. v. Brunsberg aus Stettin, 1494 Instandsetzung unter Leitung von K. Derentin. 1582 Einsturz des Turmes, Wiederherstellung (vollendet um 1600) unter Leitung von J. B. de Sala aus Mailand, Turmhaube (ab 1592) von B. Richter aus Dresden. Dreischiffige Hallenkirche mit Netz-, Kreuzrippen- und Sterngewölben und nach innen gezogenen Strebepfeilern, Chor mit Umgang, an der Nordseite des Langhauses Fronleichnamskapelle (geweiht 1434) mit Sterngewölben, an der Südseite zwei Kapellen und Vorhalle. Am Außenbau breite Wandvorlagen aus glasierten Formsteinen, der Nordgiebel der Fronleichnamskapelle ungewöhnlich reich gegliedert (Fialen, Wimpergen und Maßwerkrosetten aus glasierten Formsteinen), ein ähnlicher Giebel an der westlichen Südkapelle, Südportal mit Wimperg und reichem Maßwerk, geschweifte Turmhaube mit Laterne. Besonders bemerkenswerte Ausstattungsstücke: Spätgotischer Altar mit doppelten Flügeln (im

Brandenburg, Katharinenkirche, Taufkessel

Schrein Maria mit den Hll. Andreas, Katharina, Amalberga und Ägidius) 1474 von G. Weger. Bronze-Taufkessel (an der Wandung Taufe Christi, Apostel und Heilige) 1440 von D. Molner aus Erfurt. Sandsteinrelief (Maria mit den Hll. Paulus, Magdalena, Augustinus und Benedikt) um 1430. Kanzel 1668. Orgelprospekt 1726. Epitaphe 16.–18. Jh.

Bei der Katharinenkirche ehemaliges *Gymnasium* (Pestalozzi-Oberschule). Dreigeschossiger Barockbau (1787–1797) mit Pilastergliederung, schmaler Mittelrisalit mit Wappenkartusche.

Heimatmuseum (Hauptstr. 96). Barockbau von 1723 mit bemerkenswertem Treppenhaus; neben den Beständen zur Ur- und Frühgeschichte des Havellandes und zur Stadtgeschichte bedeutende Sammlung europäischer Graphik des 16.–20. Jh. (Rubensstecher, J. Callot, fast vollständiges Werk D. Chodowieckis, Ornamentstiche).

Ruine der ehemaligen Dominikaner-Klosterkirche St. Pauli, gestiftet 1286, dreischiffige frühgotische Backstein-Hallenkirche (um 1300, im zweiten Weltkrieg ausgebrannt), an der Südseite des Chors schlanker Glockenturm von 1469. – An der Südseite der Kirche *Kreuzgang* mit Klausurgebäuden, vor der Westseite Bibliothek und Marienkapelle (im zweiten Weltkrieg ausgebrannt).

Kapelle St. Jakob. Einschiffiger spätgotischer Backsteinbau (um 1400) mit hölzernem Tonnengewölbe, am Ostgiebel Spitzbogenblenden und Kreuzigungsrelief.

Tortürme der Neustadt. Steintorturm (2. Viertel 15. Jh.) mit Zinnenkranz und steinernem Helm, im Innern fünf Geschosse. Mühlentorturm (1411 von N. Kraft aus Stettin) mit schmalen Spitzbogenblenden, Zinnenkranz und steinernem Helm.

Bauten in der Altstadt

Altstädtisches Rathaus. Zweigeschossiger spätgotischer Backsteinbau (um 1480) auf rechteckigem Grundriß, an der Vorderseite Staffelgiebel mit Turm (Turmaufsatz von 1826) und Portal mit reichem Backstein-Maßwerk, an der Rückseite reicher Staffelgiebel und zweigeteiltes Spitzbogenportal. – Neben dem Rathaus der Roland und das *Steinhaus* (auch Ordonnanzhaus genannt), gotischer Backsteinbau (vermutlich 14. Jh.), Nordgiebel mit sechs spitz abgedeckten Halbrundpfeilern, im Innern urspr. Halle und drei Räume mit Kreuzrippengewölben.

Gotthardtkirche. Gegründet zwischen 1140 und 1150, Westbau um 1200, Turm um 1250, Abbruch des romanischen Langhauses mit Chor vermutlich 1. Hälfte 15. Jh., bestehender spätgotischer Backsteinbau 1456–1475 unter Leitung von H. Reinstorp, Turmhaube 1767. Dreischiffige Hallenkirche mit Kreuzrippengewölben, Rundpfeiler mit tauartigen Diensten, Chor mit Umgang, an der Südseite des Langhauses Sakristei und zwei Kapellen, an der Nordseite Vorhalle, über der Nordempore Wandgemälde (Figur des Todes) von 1585. Langhausdach im Süden bis zu den Kapellen herabgezogen, auf seinem Ostende Dachreiter, im

Brandenburg, Altstädtisches Rathaus mit Roland

Westen Rundbogenportal, sonst schlichte Spitzbogenportale. Besonders bemerkenswerte Ausstattungsstücke: Bronzener Taufkessel (getragen von vier Evangelistenfiguren, an der Wandung Ornamente und Löwenköpfe) 1. Hälfte 13. Jh., Deckel 1621 von Z. Peters. Spätgotische Triumphkreuzgruppe um 1500. Fünf spätgotische Schnitzfiguren (u. a. St. Gotthardt, St. Maternus, Apostel Matthias) 2. Hälfte 15. Jh. Altaraufsatz 1559–1561, Gemälde von W. Gulden aus Leipzig. Kanzel 1624 von G. Zimmermann. Orgelprospekt 1736. Gobelin (Jagd nach dem Einhorn) 3. Viertel 15. Jh. Epitaphe 16.–18. Jh.

Ruine der ehemaligen Franziskaner-Klosterkirche St. Johannis, gegründet nach 1234, einschiffiger frühgotischer Backsteinbau (um 1300, im zweiten Weltkrieg ausgebrannt), über dem Nordportal reiches Rundfenster; an der Südseite des Chors schlanker Glokkenturm um 1500.

Nikolaikirche. Dreischiffige spätromanische Backstein-Basilika (1170–1230, im zweiten Weltkrieg schwer beschädigt, wieder-

hergestellt), im Chor Kreuzgratgewölbe, Mittelschiff und Seitenschiffe mit apsidalen Schlüssen, kreisförmige Hochschiffsfenster, an der Westseite abgetreppte Giebelmauer mit kleinem Glockenturm.
Tortürme der Altstadt. Rathenower Torturm (15. und 16. Jh.) mit Stich- und Spitzbogenblenden sowie steinernem Helm. Plauer Torturm (vermutlich 15. Jh.) mit gemauerter Turmspitze und durchbrochenem Zierkranz.

Bauten in den eingemeindeten Vororten
Schloß im Ortsteil Plaue (Verwaltungsschule). Zweigeschossiger Barockbau (1711–1716 umgestaltet) mit erhöhtem Mittelrisalit, an der Hoffront eingeschossige Seitenflügel. – *Pfarrkirche,* zweischiffiger spätromanischer Backsteinbau (Anfang 13. Jh., 1570 umgebaut) mit Kreuzrippengewölben, an der Westwand spätgotische Wandgemälde (Anfang 15. Jh.), abgesonderter Turm von 1848. Bemerkenswerte Ausstattungsstücke: Altaraufsatz 1. Hälfte 17. Jh. Taufengel 18. Jh. Grabsteine 17. Jh.

BREDEREICHE (III 1). *Dorfkirche,* schlichter Fachwerkbau Ende 17. Jh.; Altaraufsatz 1689 von Ch. Wegener aus Templin.

BRIESEN (bei Cottbus) (VII 1). *Dorfkirche,* einschiffiger spätgotischer Backsteinbau (2. Drittel 15. Jh.) mit reicher Ausmalung (1486), im Osten Staffelgiebel, Dachreiter von 1804; reicher Altaraufsatz 1701, Grabdenkmäler 17. Jh.

BRIEST (bei Angermünde) (IV 1). *Dorfkirche,* stattlicher frühgotischer Feldsteinbau (2. Hälfte 13. Jh.) mit querrechteckigem Westturm; spätgotischer Schnitzaltar um 1520, in Altaraufsatz von 1600 eingefügt.

BRÜCK (V 1). *Pfarrkirche St. Lambertus,* Barockbau von 1776 mit Benutzung spätgotischer Teile, Westturm von 1842; Kanzelaltar und Taufstein der Entstehungszeit. – *Berliner Tor,* klassizistisch nach 1834. – *Postsäule* von 1730. – *Dorfkirche* (Ortsteil Rottstock), im Kern spätmittelalterlicher Feldsteinbau; Altaraufsatz und Kanzel um 1740, spätromanischer Taufstein.

BRUNNE (II 2). *Dorfkirche,* Barockbau (1756/57) über kreuzförmigem Grundriß mit reichem Westturm; Kanzelaltar der Entstehungszeit.

BUBEROW (III 2). *Dorfkirche,* spätgotischer Feldsteinbau (15. Jh.) mit quadratischem Westturm.

BUCKAU (bei Ziesar) (V 1). *Dorfkirche,* stattlicher spätromanischer Feldsteinbau mit quadratischem Chor und Apsis, Westturm um 1870; spätgotischer Flügelaltar um 1440, Maria mit Kind um 1430, Grabstein um 1200.

BUCKOW (bei Beeskow) (VII 1). *Dorfkirche,* schlichter Barockbau von 1737 mit verbrettertem Westturm; Kanzelaltar der Entstehungszeit, Gemälde (Kreuzigung) 18. Jh.

BUCKOW (bei Calau) (VII 2). *Dorfkirche,* im Kern spätgotisch, 1671 barock erneuert; spätgotischer Taufstein.

BUCKOW (bei Rathenow) (II 3). *Dorfkirche,* stattlicher frühgotischer Backsteinbau (um 1300) mit spätgotischem Westturm; Kanzelaltar Ende 17. Jh., Taufe 1734.

BUCKOW (bei Strausberg) (IV 3). *Brecht-Weigel-Haus* (Bertolt-Brecht-Straße), Sommerwohnsitz des Dichters Bertolt Brecht und seiner Frau Helene Weigel, jetzt Gedenkstätte.

BÜCKNITZ (V 1). *Dorfkirche,* einschiffiger spätromanischer Feldsteinbau mit barockem Westturm; reicher romanischer Taufstein 2. Hälfte 12. Jh., barocker Altaraufsatz.

BÜTZER (I 3). *Dorfkirche,* einschiffiger spätromanischer Backsteinbau (um 1200) mit Westturm von 1841, in Chor und Apsis bedeutende Reste spätmittelalterlicher Wandmalereien.

BURG/SPREEWALD (VII 2). *Pfarrkirche,* schlichter klassizistischer Bau 1799–1804.

BURXDORF (VI 3). *Dorfkirche,* im Kern frühgotisch Mitte 13. Jh.; Altaraufsatz um 1680 mit spätgotischen Schnitzfiguren.

C

CAHNSDORF (VI 2). *Dorfkirche,* spätgotischer Bau um 1400, im Ostteil Netzgewölbe 16. Jh.

CALAU (VII 2). *Pfarrkirche,* dreischiffige spätgotische Backstein-Hallenkirche, 1945 ausgebrannt, notdürftig wiederhergestellt.

CAPUTH (V 1). *Schloß* (Fachschule), eingeschossiger Barockbau (1662 von Ph. de la Chièze, 1673 und um 1700 umgebaut, erweitert und neu ausgestattet) mit hohem Kellergeschoß, an der Nordseite eingeschossiger Flügel von 1808/09; Festsaal und mehrere Wohnräume mit reichen Stuckdekorationen und Deckengemälden, im Kellergeschoß mit Delfter Kacheln ausgelegter Sommersaal. – Kleiner *Landschaftspark,* 1820 von Lenné umgestaltet. – *Landhaus Waldstraße 7,* ehemaliges Wohnhaus Albert Einsteins, 1929 von K. Wachsmann.

CARMZOW (IV 1). *Dorfkirche,* frühgotischer Feldsteinbau (13. Jh.), im 18. Jh. barock verändert; reicher Altaraufsatz 1726, Grabdenkmal nach 1608.

CHORIN (III 2). *Klosterkirche* des ehemaligen Zisterzienser-Klosters, gegründet 1258 auf einer Insel im Parsteiner See, 1272 nach Chorin verlegt, dreischiffige frühgotische Backstein-Basilika (begonnen um 1273, geweiht 1334, im 17. Jh. als Steinbruch benutzt, dabei das südliche Seitenschiff abgetragen), urspr. mit Kreuzrippengewölben, Pfeiler mit Laubwerk-Kapitellen, im Osten Querschiff, an der Ostseite der Querschiffsarme urspr. zweigeschossige Kapellen, Querschiffsgiebel mit reicher Blendengliederung, einschiffiger Chor, reiche dreiteilige Westfassade, Mittelteil von Treppentürmen flankiert, Spitzbogen- und Rosettenblenden, als oberer Abschluß Wimpergen mit Fialen und Krabben. – *Klostergebäude:* Von der Klausur Ost- und Westflügel erhalten, im Ostflügel Sakristei mit Kreuzrippengewölben, Armarium mit Tonnengewölbe, Kapitelsaal (bis zur Unkenntlichkeit verändert), Karzer, Parlatorium und Tagesraum (jetzt Kapelle) mit Kreuzrippengewölben, im Westflügel sog. Fürstensaal, zweischiffig mit Kreuzrippengewölben, an der Nordwand Reste gotischer Malereien (Anbetung der Könige, Urteil Salomonis), ferner Konversen-Refektorium und Flur mit Vorhalle, letztere mit Wimpergen und Spitzbogenblenden. Im Südwesten die Küche, zweischiffig mit Kreuzrippengewölben, altem Kamin und Staffelgiebel. Westlich der Küche das ehemalige Gästehaus mit Staffel- und Blendengiebel. Östlich des Ostflügels ehemaliges Abtshaus (stark verändert). – *Dorfkirche* des ehemaligen Dorfes Chorinchen, einschiffiger Feldsteinbau (1. Hälfte 14. Jh.) mit Fachwerkturm; Kanzelaltar Ende 17. Jh., lebensgroßes Kruzifix 16. Jh.

CHRISTINENDORF (VI 1). *Dorfkirche,* barocker Saalbau von 1754; Kanzelaltar der Entstehungszeit, spätgotisches Kruzifix Ende 15. Jh.

COTTBUS (VII 2)
Im Jahre 1156 als Chotibuz urkundlich genannt, wahrscheinlich deutscher Burgward mit Marktsiedlung. Noch vor 1200 planmäßige Anlage der Stadt durch die Herren von Cottbus, Straßengitternetz mit möglichst rechteckigen Häuserblocks, am Treffpunkt der beiden Hauptstraßen Markt mit (zerstörtem) Rathaus. 1405 erste urkundliche Erwähnung des Tuchmachergewerbes, bedeutende Tuchmacherei und Leinenweberei. 1445 durch Kauf an Brandenburg. 1468 und 1479 Stadtbrände. 1631 von kaiserlichen Truppen erstürmt und geplündert. 1600 und 1671 große Stadtbrände, dabei Vernichtung fast aller geschichtlichen Quellen. 1726 Anlage der Neustadt im Süden, vorwiegend für Loh- und Weißgerber sowie für Tuchmacher. Gegen Ende des 18. Jh. Aufschwung der Tuchmanufakturen (Hauptblütezeit

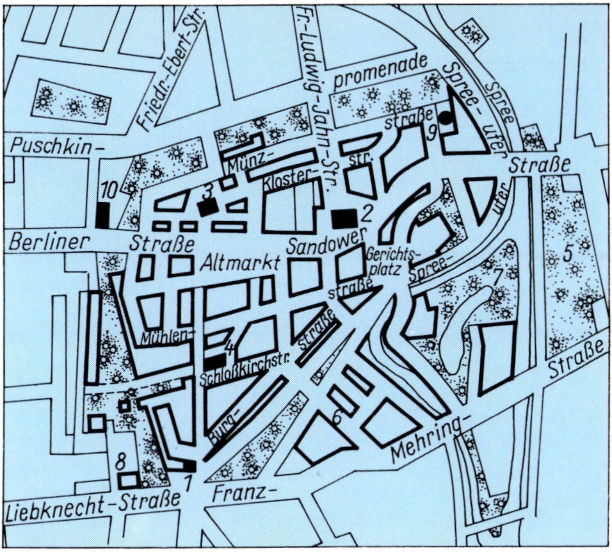

Cottbus
1 Spremberger Turm, 2 Oberkirche, 3 Ehemalige Franziskaner-Klosterkirche, 4 Schloßkirche, 5 Blechenpark, 6 Freiheitsstraße (Wollspinnhäuser), 7 Goethepark, 8 Warenhaus »Konsument«, 9 Münzturm, 10 Stadthalle

1808–1826), zur Mitte des 19. Jh. Übergang von der handwerksmäßigen Produktion zum modernen Fabrikbetrieb. Im zweiten Weltkrieg Beschädigung durch Luftangriffe.

Bauten im Stadtkern
Von der ***Stadtbefestigung*** Backstein-Stadtmauer (15. Jh.) erhalten, im Westen mehrere Wiekhäuser, dieser Teil als ***Kontaktzone*** zwischen der Altstadt und dem neuen Zentrum ausgebildet, Kombination von mittelalterlichen und modernen Bauten, ferner Rundturm am ehemaligen Spremberger Tor (1823–1825 von K. F. Schinkel mit Benutzung älterer Teile) und Münzturm an der Nordostecke der Stadtmauer. In der Nähe des Münzturmes Tuchmacherbrunnen, nach 1930 von R. Kuöhl.
Oberkirche. Im 16. Jh. Pfarrkirche St. Nikolai, dreischiffige spätgotische Backstein-Hallenkirche (begonnen vermutlich nach 1468 mit Benutzung älterer Teile, vollendet Anfang 16. Jh., 1945 stark beschädigt) mit Sterngewölben und Achteckpfeilern, an der Südseite Anbau mit Staffelgiebel und Vorhalle mit Spitzhelm, Chor mit Umgang, an seiner Nordseite zweigeschossiger, im Obergeschoß zum Chor geöffneter Anbau mit Staffelgiebeln,

Westturm; Altaraufsatz 1661 von A. Schulze. Umgesetzte Ausstattungsstücke: Barockkanzel, Taufe 16. Jh., Orgelprospekt 1759.

Ehemalige ***Franziskaner-Klosterkirche*** (Wendische Kirche). Einschiffiger frühgotischer Backsteinbau (14. Jh.) mit Netzgewölbe (Anfang 16. Jh.), an der Südseite Seitenschiff mit Kreuzrippengewölben, eigenem Satteldach und Staffelgiebeln (Anfang 16. Jh.), an der Südostseite kleiner Glockenturm mit Spitzhelm. Bemerkenswerte Ausstattungsstücke: Spätgotischer Taufstein um 1500. Kanzel um 1671. Altaraufsatz 1750. Doppelgrabstein für Fredehelm und Adelheid v. Cottbus Anfang 14. Jh.

Schloßkirche. Einschiffiger Barockbau (1707–1714) mit hölzernem Kappengewölbe und neugotischem Westturm (1870).

Stadttheater. Jugendstilbau 1908 von B. Sehring.

Bürgerhäuser. Altmarkt 10 (1767), 14 (1693), 16 (um 1675, Fassade 18. Jh.), 21 (Ende 18. Jh.), 22 (um 1675) und 24 (Anfang 19. Jh.); Sandower Str. 50 (1795/96), 51 (2. Hälfte 18. Jh.), 54 (Ende 17. Jh.) und 57 (1781); Mönchsgasse 1 (1804–1806 wahrscheinlich von K. G. Kahle); Uferstr. 16 (Gerberhaus nach 1726); Klosterplatz 3 (ehemalige Malzdarre nach 1775).

Friedhofskapelle auf dem alten Friedhof. Um 1835 von C. G. Kahle unter Schinkels Einfluß, dorischer Prostylostempel mit niedrigeren seitlichen Säulengängen.

Cottbus, Stadttheater

Cottbus, Schloß und Park Branitz

Bauten und Sammlungen in den eingemeindeten Vororten

Schloß Branitz (Museum). Zweigeschossiger Barockbau (1772), Mittelrisalit mit Giebeldreieck, die Freitreppe, Terrasse und Pergola vor dem Schloß (um 1850) nach Entwurf von G. Semper, reicher Musiksaal, übrige Räume um 1850 umgebaut. – ***Schloß-Museum mit Blechen-Gedenkstätte,*** u. a. deutsche und italienische Landschaften sowie Schülerarbeiten des Malers Carl Blechen

(geb. 1798 in Cottbus), Kunstschmiedearbeiten, sorbische Volkskunst, Reste der Pücklerschen Orientsammlung. – Weiträumiger *Landschaftspark,* angelegt 1844–1871 von Hermann Fürst Pückler-Muskau, zwei Erdpyramiden, in der größeren Grab des Fürsten (gest. 1871).
Dorfkirche (Ortsteil Madlow). Einschiffiger spätgotischer Backsteinbau (um 1400) mit Westturm (Anfang 16. Jh.); Kanzelaltar um 1840, Emporen und Gestühl Anfang 19. Jh., Grabstein nach 1804.

D

DABERGOTZ (II 2). *Dorfkirche,* stattlicher frühgotischer Feldsteinbau (2. Hälfte 13. Jh.) mit querrechteckigem Westturm; reicher Kanzelaltar um 1710, Taufengel 1. Hälfte 18. Jh.

DAHLEWITZ (VI 1). *Dorfkirche,* frühgotischer Feldsteinbau 2. Hälfte 13. Jh.; drei Kindergrabsteine um 1500.

DAHLWITZ-HOPPEGARTEN (III 3). *Herrenhaus,* spätklassizistischer Bau 1856 vermutlich nach Entwurf von F. Hitzig. – *Dorfkirche,* 1732/33 barock umgebauter mittelalterlicher Feldsteinbau; einheitliche Ausstattung der Umbauzeit.

DAHME (VI 2). *Pfarrkirche St. Marien,* einschiffiger, im Kern gotischer Feldsteinbau (1441 und 1666 abgebrannt, nach 1666 wiederaufgebaut und erweitert), Westturm mit geschweifter Haube und durchbrochener Spitze; Altaraufsatz, Kanzel und Taufstein um 1700, Empore 1678. – *Hospitalkirche* (ehemalige Karmeliter-Klosterkirche zum hl. Erasmus), im 18. Jh. völlig verändert; Kanzelaltar 18. Jh. – *Heimatmuseum* (Töpferstr. 16), u. a. ur- und frühgeschichtliche Funde, bürgerlicher Hausrat 19. Jh.

DAHNSDORF (V 1). *Dorfkirche,* spätromanischer Feldsteinbau (Anfang 13. Jh.) mit Chor, Apsis und querrechteckigem Westturm; reicher Altaraufsatz 1. Viertel 17. Jh., gotischer Taufstein, spätgotische Schnitzfiguren 2. Hälfte 15. Jh.

DALLMIN (I 1). *Herrenhaus,* stattlicher zweigeschossiger klassizistischer Bau (Anfang 19. Jh.) mit dreiachsigem Mittelrisalit. – *Landschaftspark,* erste Anlage 1808–1810, nach 1870 erweitert. – In der *Dorfkirche* (im Kern 13. Jh.) reicher Kanzelaltar Anfang 18. Jh.

DAMBECK (I 1). *Dorfkirche,* Feldsteinbau (Ende 13. Jh.) mit massigem Westturm (vermutlich 15. Jh.); Kanzelaltar 1723.

DAMITZOW (IV 1). *Dorfkirche,* kleiner mittelalterlicher Feldsteinbau mit Westturm von 1694; spätgotisches Kruzifix 2. Hälfte 15. Jh., Doppelgrabstein 1369. – *Herrenhaus,* zweigeschossiger Putzbau im Kern vermutlich 17. Jh., um 1850 verändert, schlichtes Treppenhaus 18. Jh.

DANNENWALDE (bei Gransee) (III 2). *Schloß* (Schule), schlichte barocke Dreiflügelanlage vermutlich Mitte 18. Jh. – *Dorfkirche,* neugotischer Bau von 1821.

DEDELOW (III 1). *Dorfkirche,* Feldsteinbau (Mitte 13. Jh.) mit querrechteckigem Westturm, Reste spätgotischer Wandmalereien (u. a. hl. Georg), Brüstungsgemälde an den Emporen 17. Jh.; spätgotischer Flügelaltar (Anfang 16. Jh.) in Renaissance-Altaraufsatz (um 1600).

DEMERTHIN (I 2). *Schloß* (Wohnhaus), zweigeschossiger Renaissancebau von 1604, drei Zwerchhäuser, Treppenturm mit Barockhaube, einige Räume mit Netzgewölben. – In der gotischen *Dorfkirche* (15. Jh., im 17. und 19. Jh. stark verändert) bemerkenswerte spätgotische Wandfresken sowie reicher Kanzelaltar und Pastorenstuhl um 1700.

DENNEWITZ (V 2). *Dorfkirche,* gotischer Feldsteinbau 14. Jh.; Kanzelaltar 1. Hälfte 18. Jh., Taufstein 17. Jh. – In der Nähe des Ortes *Denkmal* für die in der Schlacht von Dennewitz (1813) Gefallenen, 1817 nach Entwurf von K. F. Schinkel.

DERWITZ (II 3). *Dorfkirche,* spätgotischer Feldsteinbau um 1500; Kanzelaltar 1716.

DESSOW (II 2). *Herrenhaus,* zweigeschossiger klassizistischer Bau Anfang 19. Jh. – *Dorfkirche,* neugotischer Bau um 1830; reiche Kanzel 1. Viertel 17. Jh.

DEULOWITZ (VII 2). *Herrenhaus,* schlichter Barockbau von 1788.

DIEDERSDORF (bei Großbeeren) (VI 1). *Herrenhaus,* zweigeschossiger klassizistischer Bau spätes 18. Jh. – In der *Dorfkirche* (im Kern gotisch) Gemälde (Anbetung der Hirten) 1640 von A. Bloemaert aus Utrecht.

DISSEN (VII 2). *Dorfkirche,* schlichter Fachwerkbau von 1778.

DOBERLUG-KIRCHHAIN (VI 3). Die Siedlung Doberlug planmäßige Anlage aus der Zeit des Frühbarocks (1664 zur Stadt erhoben), vom Schloßtor nach Nordosten schnurgerade Hauptstraße (60 m breit), begleitet von zwei schmaleren Nebenstraßen, in der Mitte eine Querstraße. Die Bürgerhäuser meist zweigeschossig, besonders bemerkenswert: Ehemaliges ***Gasthaus zum Rautenstock*** (1665/66) mit Rundbogenportal und ***Alte Apotheke*** (1689 privilegiert) mit Fassadenmalerei). – ***Schloß,*** unregelmäßige Vierflügelanlage des Frühbarocks (im wesentlichen 2. Hälfte 17. Jh. mit Benutzung einiger älterer Teile) mit zahlreichen schlichten Schmuckgiebeln, in der Südwestecke Treppenturm mit geschweifter Haube und Laterne, in der Nordostecke quadratischer Treppenturm, an der Westseite reiches Portal (1663 von H. Weinhardt aus Pirna), im Schloßhof Brunnen, mehrere Räume mit reichen Stuckdecken. – ***Klosterkirche*** des ehemaligen Zisterzienser-Klosters Doberlug, dreischiffige spätromanische Backstein-Basilika (Ende 12. Jh., Weihe angeblich 1228, 1905–1911 historisierende Neurenaissance-Ausstattung) mit Kreuzrippen- und Kreuzgratgewölben im gebundenen System, Querschiff mit ausgeschiedener Vierung, Chor mit Apsis, an der Außenwand der Apsis Halbsäulen und Kreuzbogenfries, über der Vierung Dachreiter (Anfang 20. Jh.). Bemerkenswerte Ausstattungsstücke: Altaraufsatz 1625 mit spätgotischem Flügelaltar (Maria mit Petrus und Paulus) Anfang 16. Jh. Gemalter Flügelaltar (im Mittelfeld Geißelung) 15. Jh. Mehrere Gemälde (u. a. David vor König Saul) Ende 16. Jh. Epitaphe und Grabsteine 17./18. Jh. – ***Postmeilensäule*** (Ortsteil Kirchhain) von 1736. – ***Weißgerbermuseum*** (Kirchhain, Potsdamer Str. 18), eingerichtet in der ältesten Weißgerberwerkstatt des Ortes (1787). – ***Pfarrkirche*** im Ortsteil Kirchhain, dreischiffige spätgotische Backstein-Basilika (vermutlich nach 1380, im 18. Jh. verändert) mit bemalten hölzernen Tonnengewölben, Chor mit Zellengewölbe (16. Jh.), spätromanischer Backsteinturm mit zwei Spitzhelmen. Bemerkenswerte Ausstattungsstücke: Altaraufsatz 1743. Kanzel 18. Jh. Spätgotische Triumphkreuzgruppe Anfang 16. Jh. Epitaphe und Grabsteine 16.–18. Jh.

DOBRA (VI 3). In der ***Dorfkirche*** spätgotischer Flügelaltar Anfang 16. Jh.

DRAHNSDORF (VI 2). In der ***Dorfkirche*** (vermutlich 14. Jh.) Renaissance-Altaraufsatz (1619) mit eingefügter spätgotischer Madonna (um 1450).

DRASDO (VI 3). ***Dorfkirche,*** Barockbau 1695 von Ch. Klengel aus Liebenwerda; reicher Taufstein 1594.

DREHNA (VI 2). ***Wasserschloß,*** unregelmäßige Vierflügelanlage der Renaissance (2. Hälfte 16. Jh., im 18. Jh. schlicht erneuert), an der Nordwest- und Südwestseite große Rundtürme, an der Nordostecke quadratischer Turm, über dem Haupteingang Uhrturm mit welscher Haube und Laterne, im Erdgeschoß Tonnen-, Zellen-, Netz- und Sterngewölbe, im ersten Geschoß Stuckdekken. – In der ***Dorfkirche*** (1895) bemerkenswerte Grabsteine 16. Jh., v. Minkwitz.

Drehna, Schloß

DREETZ (II 2). In der *Dorfkirche* (1778) Gemälde (Abendmahl) 1704 von C. L. Schlichting.

DRESKA (VI 3). In der *Dorfkirche* spätgotischer Flügelaltar um 1500.

DREWEN (II 2). *Dorfkirche,* frühgotischer Feldsteinbau (2. Hälfte 13. Jh.) mit querrechteckigem Westturm; Kanzelaltar um 1730, Kindergrabstein um 1600.

DREWITZ (VII 2). *Dorfkirche,* schlichter klassizistischer Bau von 1827.

E

EBERSWALDE (III 2). *Pfarrkirche St. Maria Magdalena,* dreischiffige frühgotische Backstein-Basilika (um 1300, wiederholt erneuert, 1874–1876 umgebaut) mit Kreuzrippengewölben, Portale mit figürlichem Schmuck, eingebauter Westturm; bronzener Taufkessel spätes 13. Jh., Altaraufsatz 1606. – *Spitalkapelle*

St. Georg, einschiffiger gotischer Backsteinbau (wohl 15. Jh.) mit Kreuzrippengewölben. – ***Heimatmuseum*** (Kirchstr. 8), u. a. ur- und frühgeschichtliche Funde aus dem Kreisgebiet.

EICHE (bei Potsdam) (II 3). *Dorfkirche,* frühklassizistischer Rundbau (1771 vermutlich von G. Ch. Unger) mit umlaufender Galerie und Kuppel; an der Außenwand der Sakristei Kindergrabmal nach 1794 vermutlich von J. Ch. Wohler in Anlehnung an das Grabmal des Grafen von der Mark von J. G. Schadow.

EISENHÜTTENSTADT (VII 1). Im Ortsteil Fürstenberg/Oder *Pfarrkirche St. Nikolai,* dreischiffige spätgotische Backstein-Hallenkirche (begonnen wohl nach 1370) mit massigem Westturm, 1945 ausgebrannt, bis 1963 Wiederherstellung des Äußeren. – *Rathaus,* zweigeschossiger Neurenaissancebau von 1900.

ELSTERWERDA (VI 3). *Schloß,* zweigeschossige barocke Dreiflügelanlage (um 1720–1737) mit reichem Hauptportal und Dachreiter, im Obergeschoß Saal mit Stuckdecke. – ***Postmeilensäule*** von 1736. – *Pfarrkirche St. Katharinen,* einschiffiger Barockbau (1718, 1904 stark verändert) mit spätgotischem Chor (vermutlich 15. Jh.), Turm mit Haube und Laterne; Kanzelaltar um 1760, Triumphkreuz und Anna selbdritt, beide spätgotisch, Bildnisgrabsteine 16. und 17. Jh., v. Maltitz.

ERKNER (III 3). *Gerhart-Hauptmann-Gedenkstätte* (Gerhart-Hauptmann-Str. 1/2), Sammlung über Leben und Werk des Dichters, der hier von 1885 bis 1889 wohnte.

Eberswalde, Maria-Magdalenen-Kirche, Kämpferzone des Westportals

F

FAHRLAND (II 3). ***Dorfkirche,*** schlichter Barockbau von 1709; einheitliche Ausstattung um 1770.

FALKENHAGEN (bei Pritzwalk) (I 1). ***Dorfkirche,*** spätgotischer Feldsteinbau nach 1500, Westturm mit neugotischem Aufsatz von 1901/02; Kanzel 1769.

FALKENHAGEN (bei Seelow) (IV 3). ***Dorfkirche,*** urspr. frühgotische Granitquader-Basilika (2. Hälfte 13. Jh.) mit querrechteckigem Westbau, die Seitenschiffe 1801 abgebrochen; Kanzel Anfang 18. Jh., Taufe 1. Hälfte 17. Jh., Epitaphe 16. und 17. Jh.

FALKENREHDE (II 3). ***Dorfkirche,*** Barockbau Mitte 18. Jh., 1910 umgebaut; Ausstattung von 1910. – ***Friedhofsportal*** vermutlich von 1803.

FEHRBELLIN (II 2). ***Pfarrkirche,*** neugotischer Backsteinbau 1867 nach Entwürfen von F. A. Stüler; Grabstein für v. Arnim nach 1553.

FERCH (V 1). ***Dorfkirche,*** Fachwerkbau spätes 17. Jh.; einheitliche Ausstattung der Entstehungszeit.

FERGITZ (III 1). ***Dorfkirche,*** spätgotischer Backsteinbau vermutlich 15. Jh.; Kanzelaltar 18. Jh., Figuren vom ehemaligen Altaraufsatz um 1600. – Auf der Insel im Oberückersee ***Rundwall*** aus dem 12. Jh.

FICHTENBERG (VI 3). ***Dorfkirche,*** klassizistischer Bau 1808–1810 mit Benutzung älterer Teile.

FINSTERWALDE (VI 3). Wohl bald nach 1200 Errichtung einer deutschen Burg an der Stelle des heutigen Schlosses, im 13. Jh. Entwicklung einer Marktsiedlung an der Nordseite des Schloßgrundstückes, gitterförmiges Straßennetz mit fast rechteckigem Marktplatz, im Dreißigjährigen Krieg fast völlig vernichtet. ***Schloß,*** weiträumige Anlage der Renaissance (Hauptbauzeit 1553–1597) mit spätgotischen Bestandteilen, gegliedert in Vorder- und Hinterschloß, unregelmäßige Vierflügelanlagen um annähernd rechteckige Höfe, über der Einfahrt zum Hinterschloß Turm mit Pyramidenhelm und Laterne, zwei Flügel urspr. mit Arkaden (jetzt teilweise vermauert), einige Räume mit Kreuzgrat- und Sterngewölben. – ***Rathaus,*** zweigeschossiger Barockbau (1739 unter Leitung von G. Ch. Haubtmann und M. Günther mit Benutzung spätgotischer Teile) mit zwei Portalen, davon eines mit

Sitznischen, und Dachreiter. – *»Kurtsburg«*, urspr. Vierflügelanlage der Renaissance (Mitte 16. Jh.), vorderer Flügel mit reichem Sitznischenportal erhalten, im Erdgeschoß Räume mit Kreuzgewölben und Balkendecken. – *Dreifaltigkeitskirche*, dreischiffige spätgotische Hallenkirche (begonnen 1578 von M. Piger aus Dresden, vollendet kurz vor 1618, erneuert 1667 und 1881) mit Renaissance-Bestandteilen, Netzgewölbe, in den schmalen Seitenschiffen Emporen, Westturm mit geschweifter Haube. Ausstattungsstücke: Reiche Kanzel 1615 von M. Kuntze aus Dresden. Altaraufsatz 1594. Epitaphe und Grabsteine 16./17. Jh.

FISCHWASSER (VI 3). *Dorfkirche*, schlichter Fachwerkbau vermutlich von 1699.

FLEMSDORF (IV 2). *Dorfkirche*, Feldsteinbau Mitte 13. Jh.; reicher Kanzelaltar 1736, Taufengel 18. Jh.

FORST (VII 2). Ab Mitte 19. Jh. Textilindustrie, im heutigen *Stadtbild* noch bemerkenswerte Fabrikgebäude, Fabrikantenvillen und Mietshäuser Ende 19./Anfang 20. Jh. – *Amtshaus* (Pflegeheim), zweigeschossiger Barockbau (um 1700, 1945 zerstört, wiederaufgebaut), im Erdgeschoß Räume mit Kreuzgewölben. – *Hauptkirche St. Nikolai*, dreischiffige, im Kern spätgotische Hallenkirche (15. Jh.), 1945 ausgebrannt, in veränderten Formen wiederaufgebaut. – *Dorfkirche* (Ortsteil Eulo), spätgotisch 15. Jh. – *Dorfkirche* (Ortsteil Sacrow), spätgotisch um 1500.

FRANKENA (VI 3). *Dorfkirche*, frühgotischer Bau Ende 13. Jh.; Altaraufsatz 1696 von M. Scharben aus Lübben.

FRANKFURT/ODER (VII 1)
Um 1226 Gründung einer deutschen Marktsiedlung am Westufer der Oder. Der Schulze der Erstsiedlung, Godinus oder Gottfried von Hertzberg, im Jahre 1253 vom Markgrafen Johann mit der Anlage der civitas beauftragt; planmäßige Erweiterung der bestehenden Siedlung nach Süden, Erlaubnis zum Bau einer Brücke, Belehnung mit Berliner Stadtrecht. Rechteckiger Umriß mit einer dem Uferlauf folgenden Ausbuchtung nach Osten, regelmäßige Gitterform mit geraden Straßen, viereckigem Markt und anschließendem viereckigem Kirchplatz. 1319 Erwähnung einer starken Befestigung, im Norden und Westen doppelter Graben mit Zwischenwall. 1351 Verleihung des Niederlags- und Straßenzwangsrechtes. Bis Ende des 15. Jh. bedeutender Wohlstand, vor allem infolge eines ausgedehnten Eigen- und Zwischenhandels. 1506 Gründung der Universität. Gegen Ende des 16. Jh. bedeutender Handel mit Polen, die drei diesem Handel dienenden Jahrmärkte vom Kurfürsten Friedrich Wilhelm 1649 zu Messen erhoben. 1686 Einwanderung von Hugenotten. 1811 Aufhebung der Universität. Während der Kämpfe an der Oder im Frühjahr 1945 fast völlige Zerstörung der Altstadt.

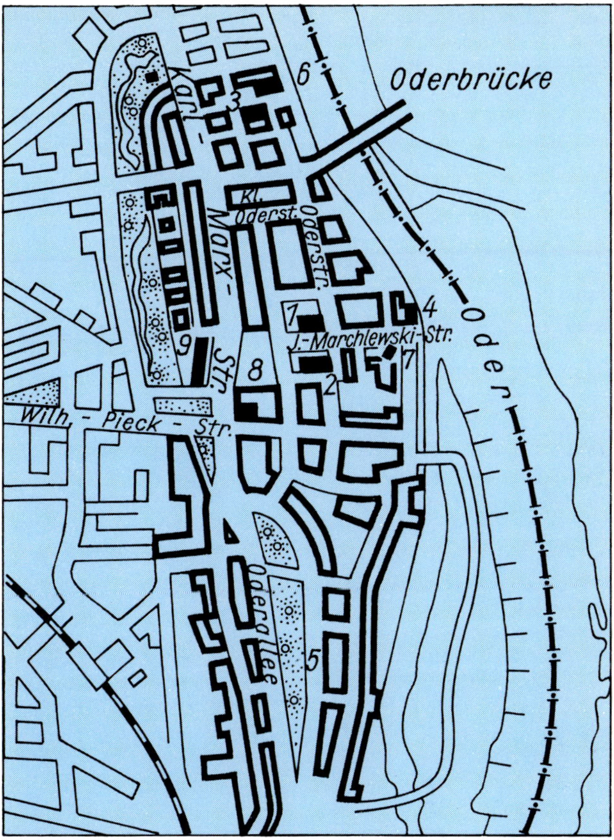

Frankfurt/Oder
1 Rathaus, 2 Pfarrkirche St. Marien (Ruine), 3 Friedenskirche, 4 Friedensglocke, 5 Park an der Gertraudenkirche mit Denkmälern, 6 Konzerthalle (ehemalige Franziskanerkirche), 7 H.-v.-Kleist-Gedenkstätte (ehemalige Garnisonschule), 8 Hochhaus, 9 Hotel »Stadt Frankfurt«

Rathaus (Galerie und Festraum). Zweigeschossiger spätgotischer Backsteinbau (14. und 15. Jh. mit Benutzung älterer Teile, 1607–1610 von dem Italiener T. Paglion umgebaut, 1945 stark beschädigt, wiederhergestellt), an den Schmalseiten reiche Giebel mit Wimpergen und Pfeilern (um 1400), vor der nördlichen Schmalseite Turm mit Laterne, an der westlichen Langseite Anbau mit Volutengiebel, in beiden Geschossen zwei- und dreischiffige Hallen mit Renaissance-Kreuzgratgewölben, Keller mit frühgotischen Kreuzrippengewölben.

Pfarrkirche St. Marien. Fünfschiffige spätgotische Backstein-Hallenkirche (im Kern frühgotische dreischiffige Halle 2. Hälfte 13. Jh., um 1375 Nordschiff und Kapelle hinzugefügt, gleichzeitig Umgangschor, Südschiff und Sakristei an der Südseite Ende 15. Jh., 1828–1830 unter Schinkel umgestaltet; 1945 ausgebrannt, Ruine gesichert, Märtyrerchor von 1521/22 wiederaufgebaut) mit Querschiff, zwei Sandsteinportale mit figürlichem Schmuck, vor der Westseite des Langhauses Vorhalle mit zwei seitlichen Turmhallen, von den urspr. zwei Türmen nur der Nordturm erhalten. Von der Ausstattung (jetzt z. T. im Pfarrhaus und in der Friedenskirche) besonders bemerkenswert: Bronze-Taufkessel (getragen von Engeln und Greifen, an der Wandung Szenen aus dem Alten und Neuen Testament, turmartiger Dekkel) 1376 von Meister Arnold. Siebenarmiger Bronzeleuchter mit figürlichem Schmuck 2. Hälfte 14. Jh. Spätgotischer Flügelaltar (im Schrein Maria mit den Hll. Hedwig und Adalbert) angeblich 1489.

Museum »Viadrina« (ehemaliges Junkerhaus, Philipp-Emanuel-Bach-Str. 11), u. a. umfangreiches kulturgeschichtliches Material aus der Stadtkernforschung seit 1958; im ersten Obergeschoß reiche Stuckdecken Ende 17. Jh. – ***Kleist-Gedenk- und -Forschungsstätte*** (ehemalige Garnisonschule, 1777/78 von F. Knoblauch, Ju-

Frankfurt/Oder, Rathaus

Frankfurt/Oder, Kleist-Gedenk-und-Forschungsstätte

lian-Marchlewski-Str. 17/18), Ausstellung über den Dichter Heinrich v. Kleist (geb. 1777 in Frankfurt/O.) und seine Zeit; Spezialbibliothek (1700 Bände), Zeitschriften- und Zeitungsausschnittsammlung.

Friedenskirche (früher Nikolaikirche). Dreischiffige frühgotische Backstein-Hallenkirche (13. Jh., im 15. Jh. umgebaut und nach Osten erweitert) mit Kreuzrippengewölben, Chor mit Umgang, neugotische Zweiturmfront von 1881–1893; Grabdenkmäler 17./18. Jh.

Nikolaikirche (ehemalige Franziskaner-Klosterkirche, jetzt Konzerthalle). Dreischiffige frühgotische Backstein-Hallenkirche (geweiht vermutlich 1301, 1516–1525 von A. Lange Langhaus-Neubau) mit Netz- und Sterngewölben sowie spätgotischen Gewölbemalereien, langgestreckter Chor, im Westgiebel Maßwerk, im Ostgiebel Spitzbogenblenden.

Ehemaliges *St. Spiritus-Hospital* (Altersheim), zweigeschossiger spätbarocker Putzbau, 1787 von F. Knoblauch, 1820 und 1834 erweitert.

Ehemaliges *Georgen-Hospital* (Altersheim), 1794 von F. Knoblauch.

Lenné-Park, 1833–1845 von P. J. Lenné anstelle von Wall- und Grabenanlagen an der westlichen Altstadt.

Bemerkenswerte *Dorfkirchen* in den eingemeindeten Ortsteilen Booßen (mittelalterlicher Feldsteinbau, umgebaut und verputzt), Kliestow (frühgotischer Feldsteinbau um 1300), Hohenwalde (Renaissancebau, geweiht 1607; reicher Kanzelaltar der Entstehungszeit) und Güldendorf (spätgotisch 15. Jh., 1945 zerstört, wiederaufgebaut).

Bad Freienwalde, Landschaftspark am Schloß

FREDERSDORF (bei Gramzow) (IV 1). *Dorfkirche,* Feldsteinbau 13. Jh.; spätgotischer Altarschrein, Kanzel 2. Hälfte 17. Jh. – Im Ort zwei *Vierseithöfe* aus Fachwerk, spätes 18. Jh.

FREDERSDORF (bei Belzig) (V 1). *Dorfkirche,* im Kern 13. Jh., 1920/30 umgebaut, nach Brand 1967/68 wiederhergestellt; reicher Altaraufsatz um 1600, reiche Kanzel um 1700. – *Herrenhaus,* Barockbau 1719, die Seitenflügel von 1748, 1927 umgebaut.

FREIENHUFEN (VII 3). *Dorfkirche,* gotischer Bau vermutlich 14. Jh.; reicher Altaraufsatz Mitte 17. Jh.

FREIENWALDE, BAD (IV 2). *Schloß* (Kulturhaus), zweigeschossiger klassizistischer Bau (1798/99 von D. Gilly, 1837 und 1909 umgebaut) mit Ecklisenen und Pilastergliederung, Treppenhaus mit Stuckreliefs. Kleiner *Landschaftspark* (nach 1820 von Lenné umgestaltet), darin Teehäuschen von 1795. – *Landhaus* am Kurpark (Oberschule), zweigeschossiger klassizistischer Bau (1789/90 von C. G. Langhans), Mittelportal in tiefer Nische mit kassettierter Halbkugel. – *Oderland-Museum* (Uchtenhagenstr. 2; ehemaliges Freihaus mit Barockfassade), u. a. ur- und frühgeschichtliche Funde aus dem Kreisgebiet, bäuerliche Volkskultur des Oderbruchs. – *Pfarrkirche St. Nikolai,* urspr. frühgotischer Granitbau, Mitte 15. Jh. in Backstein umgebaut und erweitert, im Mittelschiff Netzgewölbe, im südlichen Seitenschiff Kreuzrippengewölbe, im Chor Sterngewölbe, an der Südseite Turm; gotischer Taufstein, Altaraufsatz und Kanzel 1623. – In der barokken *Georgenkapelle* (Fachwerkbau 1696) bemerkenswerter Kanzelaltar, 1698 von S. Liebenwald.

FRETZDORF (II 2). *Dorfkirche,* kleiner Fachwerkbau von 1704; Moseskanzel um 1700. – *Schloß,* urspr. barocke Dreiflügelanlage, 1835–1840 von F.A.Stüler umgebaut, 1936 nochmals stark verändert.

FREYENSTEIN (II 1). Von dem *Alten Schloß* (Renaissancebau 1556) Teile der Südwand und zweigeschossiger Gebäuderest mit Rundturm erhalten. Pilaster, Gesimse und Medaillons aus Terrakotta in der Art des Status van Düren. – *Neues Schloß* (Schule), dreigeschossiger Frühbarockbau (Anfang 17. Jh.), vor der Vorderfront Treppenturm, an den Schmalseiten zwei weitere Türme, der rechte urspr. Torturm (Wittstocker Tor). – *Pfarrkirche,* dreischiffige gotische Backstein-Hallenkirche (um 1300, nach Brand 1718 wiederaufgebaut) mit Kreuzrippengewölben und Westturm; Grabdenkmäler 18./19. Jh., v. Winterfeldt.

FRIEDERSDORF (bei Doberlug-Kirchhain) (VI 3). *Dorfkirche,* spätromanischer Bau Anfang 13. Jh., Reste gotischer Wandmalereien; großer romanischer Taufstein.

Freyenstein, Altes Schloß

FRIEDERSDORF (bei Seelow) (IV 3). ***Dorfkirche,*** im Kern Feldsteinbau 13. Jh., Chor seit 1945 Ruine; Grabdenkmäler 17. und 18. Jh., v. Görtzke und v. d. Marwitz.

FÜRSTENBERG (II 1). ***Schloß*** (Krankenhaus), barocke Dreiflügelanlage (1741–1752 von Ch. J. Löwe, 1913 umgebaut) mit reichem Dekor, zweigeschossig mit erhöhtem Mittelrisalit, im Innern Rokoko-Stuckdekorationen. – Von der ***Alten Burg*** (1333 erstmalig genannt) drei Flügel erhalten: Altes Haus (Ostflügel), Neue Küche (Westflügel) und Großes Neues Haus (Südflügel), letzteres 1572, die anderen Ende 16. Jh. – Am Markt und in der Thälmannstraße einige schlichte klassizistische ***Bürgerhäuser,*** nach 1807 von F. W. Dunkelberg. – ***Pfarrkirche,*** 1845–1848 erbaut nach Entwurf von F. W. Buttel.

FÜRSTENWALDE (VII 1). ***Rathaus,*** zweigeschossiger, spätgotischer Backsteinbau (um 1500, 1945 beschädigt, wiederaufgebaut), im Westen Maßwerkgiebel, im Osten offene Halle mit Sterngewölben, Ostgiebel und Turm von 1624. – ***Pfarrkirche St. Marien*** (ehemalige Domkirche des Bistums Lebus), dreischiffige spätgotische Backstein-Hallenkirche (begonnen 1446, abgebrannt 1766, 1769–1771 von J. Boumann d. J. in veränderten

Fürstenwalde, Rathaus und Marienkirche

Formen wiederaufgebaut, 1945 beschädigt, Wiederaufbau im Gange), Chor mit Umgang, barocke Westturmgruppe; bedeutende Grabdenkmäler 15./16. Jh. und Sakramentshaus von 1517, z. Z. sichergestellt. – ***Heimatmuseum*** (Holzstr. 1), u. a. Ur- und Frühgeschichte des Kreisgebietes, besonders Steinzeitfunde von Streitberg, Berkenbrück und Trebus. – Ehemaliges ***Jagdschloß***, langgestreckter Frühbarockbau (1699–1700 von M. Grünberg, seit 1750 Getreidemagazin) mit starkem Mittelrisalit. – Spätbarockes ***Wohnhaus*** (Mühlenstr. 26), um 1790.

FÜRSTENWERDER (III 1). Von der ***Befestigung*** Feldsteinmauer (1. Hälfte 13. Jh.) mit einigen Wiekhäusern sowie Reste des Woldegker und Berliner Tores erhalten. – ***Pfarrkirche***, einschiffiger Granitbau (Mitte 13. Jh.) mit querrechteckigem Turm, Backsteinaufsatz von 1786; Kanzelaltar 18. Jh.

G

GARLITZ (II 3). ***Dorfkirche***, einschiffiger klassizistischer Bau (1826) mit schlichter Ausstattung.

GARTZ (IV 1). Von der ***Stadtbefestigung*** große Teile der Stadtmauer (2. Hälfte 13. Jh.) und Mauerturm (»Storchnest«) sowie ein Stadttor (15. Jh.) erhalten, an der Feldseite des Tores Ziermauer mit Spitzbogenöffnungen. – ***Pfarrkirche St. Stephan***, spätgotische Backstein-Hallenkirche (14./15. Jh.), seit 1945 Ruine. – ***Heiliggeistkapelle***, spätgotischer Backsteinbau (vermutlich 15. Jh.), 1793 zum Hospital umgebaut, vor der Westseite Türmchen.

GARZ (II 2). ***Dorfkirche***, schlichter Barockbau von 1727; Kanzelaltar 1728 von H. J. Schulz, hölzerne Taufe 1674, gußeiserne Taufe Anfang 19. Jh. – Auf dem Gelände des Gutshofes ***Wohnturm***, Feldsteinbau 15./16. Jh.

GEHREN (VI 2). ***Dorfkirche***, schlichter klassizistischer Bau von 1825.

GELTOW (V 1). Auf dem Franzensberg ehemalige ***Sommervilla***, 1926–1928 von H. van de Velde. – ***Aussichtsturm*** um 1830.

GERSWALDE (III 1). ***Pfarrkirche***, im Kern Feldsteinbau 13. Jh., seit dem 15. Jh. mehrfach verändert, einschiffig mit Westturm und dreiseitigem Chorschluß; klassizistische Ausstattung 1814–1820. – Von der im 13. Jh. gegründeten ***Burg*** der Bergfried (14. Jh.) und weitere Teile der alten Wehranlage erhalten. – In der ehemaligen Vorburg ***Schloß***, erbaut Ende 19. Jh. – ***Dorfkir-***

che im Ortsteil Kaakstedt, schlichter Feldsteinbau (13. Jh.) mit reicher volkskünstlerischer Ausstattung (spätes 16./frühes 17. Jh.).

GIELSDORF (III 3). ***Dorfkirche,*** einschiffiger spätromanischer Feldsteinbau um 1250; spätgotischer Flügelaltar Anfang 16. Jh., Taufstein 1551, Grabstein nach 1527. – ***Dorfkirche*** im Ortsteil Wilkendorf, spätgotischer Feldsteinbau mit querrechteckigem Westturm; Taufstein vermutlich 16. Jh.

GLIENICKE (bei Wittstock) (II 2). ***Dorfkirche,*** schlichter klassizistischer Zentralbau (1815) mit einheitlicher Ausstattung.

GÖLLNITZ (VI 3). In der ***Dorfkirche*** (vermutlich Anfang 14. Jh.) spätgotische Triumphkreuzgruppe 15. Jh.

GÖRIKE (I 2). ***Dorfkirche,*** Feldsteinbau (13. Jh.) mit spätgotischem Westturm und Haube von 1677; spätgotischer Flügelaltar (im Schrein von Engeln gekrönte Maria) Mitte 15. Jh., Kanzel 1719.

GÖRITZ (III 1). ***Dorfkirche,*** stattlicher Feldsteinbau (13. Jh.) mit verbrettertem Turmaufsatz (Ende 17. Jh.); reicher Altaraufsatz Anfang 18. Jh., Kanzel 17. Jh. – ***Dorfkirche*** im Ortsteil Malchow, kleiner Feldsteinbau (13. Jh.) mit querrechteckigem Westturm; reiche Barock-Ausstattung Anfang 18. Jh.

GÖRNE (II 3). ***Dorfkirche,*** schlichter Fachwerkbau von 1728, an der Brüstung der Westempore Gemälde Mitte 18. Jh.; Kanzelaltar um 1740, Taufe frühes 17. Jh. – ***Herrenhaus,*** eingeschossiger Barockbau von 1786.

GÖRSDORF (bei Luckau) (VI 1). In der ***Dorfkirche*** reicher Altaraufsatz von 1582.

GÖRZKE (V 1). ***Dorfkirche,*** im Kern spätromanisch, 1882 romanisierend erneuert; Grabdenkmäler 16. Jh., v. Schierstedt.

GOLSSEN (VI 2). ***Schloß*** (Ambulatorium), zweigeschossiger Barockbau (1. Drittel 18. Jh.) mit Putzquaderung, Mitte 19. Jh. seitlich verlängert. – Weiträumiger ***Landschaftspark.*** – ***Pfarrkirche,*** dreischiffiger klassizistischer Bau (1811–1825) mit Flachdecke, in den Seitenschiffen Emporen, eingebauter Turm von 1825; schlichte Ausstattung der Entstehungszeit.

GOLZOW (V 1). ***Dorfkirche,*** achteckiger Barockbau von 1750, Zeltdach mit Laterne; gediegene Ausstattung der Entstehungszeit.

GOSSMAR (bei Luckau) (VI 2). ***Dorfkirche,*** im Kern gotisch, um

1500 nach Osten erweitert; im Kanzelaltar (17. Jh.) mehrere spätgotische Schnitzfiguren.

GOTTBERG (II 2). In der *Dorfkirche* (im Kern mittelalterlich) reicher Kanzelaltar um 1733.

GRABOW (V 1). *Dorfkirche,* spätromanischer Feldsteinbau (Anfang 13. Jh.) mit Fachwerk-Dachreiter (19. Jh.); Kanzel 17. Jh.

GRÄBEN (V 1). *Schloß* im Ortsteil Dahlen, zweigeschossiger klassizistischer Bau Mitte 19. Jh., Werk der Schinkel-Schule, in neuerer Zeit entstellt.

GRÄBENDORF (VI 1). *Dorfkirche,* kleiner Feldsteinbau vermutlich 14. Jh.; Kanzel um 1700.

GRÄFENDORF (bei Jüterbog) (VI 3). *Dorfkirche,* im Kern spätromanischer Feldsteinbau, 1697 umgebaut; zwei klassizistische Grabmäler nach 1850 von A. Conrad aus Torgau.

GRAMZOW (III 1). *Ruine der Klosterkirche* des ehemaligen Prämonstratenser-Klosters, urspr. dreischiffige spätgotische Backstein-Hallenkirche (vermutlich 14. Jh.), Reste eines Kapellenunterbaues an der Westseite des Mittelschiffes erhalten. – *Pfarrkirche,* einschiffiger frühgotischer Granitbau (vermutlich 13. Jh.); Kanzel und Altaraufsatz Anfang 19. Jh.

GRANSEE (III 2). Gründung des Markgrafen Johann I. von Brandenburg, im Jahre 1262 (Verleihung des Stadtrechtes) als Gransoyge erstmalig erwähnt, regelmäßiges Straßengitternetz mit zwei Längsstraßen und ausgespartem Kirchplatz innerhalb eines annähernd ovalen Mauerringes. Von der zum großen Teil erhaltenen *Stadtbefestigung* besonders bemerkenswert: Ruppiner Tor, spätgotischer Backsteinbau (1. Hälfte 15. Jh.) mit Spitzbogenblenden und Fialen. Pulverturm (2. Hälfte 15. Jh.) mit Zinnenkranz und Spitzhelm. – *Pfarrkirche St. Marien,* dreischiffige spätgotische Backstein-Hallenkirche (Hallenchor um 1370/80, Langhaus vollendet 1. Hälfte 15. Jh.) mit Kreuzrippengewölben, an der Südseite Kapellenanbau (um 1510/20), über dem Ostende der drei Schiffe Blenden- und Maßwerkgiebel nach dem Muster der Marienkirchen in Neubrandenburg und Prenzlau, auf dem Westbau (Untergeschoß um 1240) zwei Türme. Bemerkenswerte Ausstattungsstücke: Spätgotischer Flügelaltar (im Schrein figurenreiche Kreuzigung) um 1500. Gemalter Flügelaltar (im Mittelfeld Anna selbdritt mit Heiligen) 1. Hälfte 16. Jh. Triumphkreuzgruppe um 1500. Hl. Wolfgang Ende 15. Jh. – Von dem ehemaligen *Franziskaner-Kloster* (frühgotisch um 1300) nur Rest der Nordwand des Chors sowie Ostflügel der Klausur mit Kreuzgang und Schlafsaal erhalten (mehrmals umgebaut). – *Spitalkapelle St. Spiritus,* einschiffiger frühgotischer Backsteinbau

Gransee, Marienkirche

(14. Jh., 1711 abgebrannt, um 1715 wiederaufgebaut) mit Dachreiter. – *Heimatmuseum* (Klosterplatz), u. a. ur- und frühgeschichtliche Funde aus dem Kreisgebiet, kleine Möbelsammlung. – *Luisendenkmal,* Sarkophag unter neugotischem Eisenguß-Baldachin, 1811 nach Entwurf von Schinkel.

GREIFFENBERG (III 2). *Pfarrkirche,* einschiffiger Barockbau (1723/24); Taufstein mit figürlichen Reliefs (2. Hälfte 16. Jh.), sonst schlichte Ausstattung der Entstehungszeit. – Von der *Burgruine* (gotisch 14. Jh.) viereckiger Turm und runder Eckturm erhalten.

GRIESSEN (VII 2). *Dorfkirche,* im Kern gotisch 13./14. Jh.; Kanzelaltar (18. Jh.) mit Teilen eines spätgotischen Flügelaltars (um 1500).

GRÖBEN (VI 1). *Dorfkirche,* spätgotischer Feldsteinbau (geweiht 1508) mit Westturm von 1909; Grabdenkmäler 17. und 18. Jh., v. Schlabrendorff.

GROSSBEEREN (VI 1). *Siegesdenkmal* nördlich der Kirche auf dem ehemaligen Friedhof, gußeiserner Obelisk auf Sandsteinsockel (1817 nach Entwurf von Schinkel zur Erinnerung an die Schlacht von Großbeeren im August 1813). – *Dorfkirche,* neugotischer Zentralbau in Form eines griechischen Kreuzes (1818–1820 nach Entwurf von Schinkel) mit Nordturm; Altargemälde (Beweinung Christi) niederrheinisch-kölnische Arbeit um 1460, Taufe und Kronleuchter 1820 nach Entwürfen von Schinkel.

GROSS GLIENICKE (II 3). *Dorfkirche,* im Kern 13./14. Jh., 1679–1684 barock umgebaut, stuckiertes Spiegelgewölbe; reicher Altaraufsatz 1684, Kanzel 1680, reiche Grabdenkmäler 17. und 18. Jh., v. Ribbeck.

GROSS JEHSER (VI 2). *Dorfkirche,* Frühbarockbau von 1664; Epitaphe und Grabsteine 17. und 18. Jh. – *Herrenhaus,* schlichter Fachwerkbau von 1596.

GROSS KIENITZ (VI 1). In der *Dorfkirche* (Mitte 13. Jh.) Altaraufsatz 1701 von D. Matzmann aus Potsdam und Taufe 1607.

GROSSKMEHLEN (VI 3). *Schloß* (Feierabendheim), dreigeschossiges Wasserschloß der Renaissance (16. Jh.), runde Ecktürme mit Zwiebelhauben, Schmuckgiebel, im unteren Hof Renaissance-Brunnen mit Delphinen und Putto. – *Dorfkirche,* einschiffiger, im Kern gotischer Backsteinbau (im 18. Jh. umgebaut und erweitert), an der Nordseite zwei Herrschaftskapellen, an der Südseite Sakristei und Gruftgewölbe, Westturm. Bemerkenswerte Ausstattungsstücke: Altaraufsatz um 1620, aus zwei spätgotischen Schreinaltären (niederländische Arbeiten aus der

Großbeeren, Siegesdenkmal

Werkstatt von J. Bormann um 1510) zusammengesetzt. Kanzel 16. Jh. Taufstein und Orgelprospekt 1718. Spätgotisches Triumphkreuz. Grabstein 17. Jh.

GROSS KREUTZ (II 3). *Herrenhaus,* 1765 vermutlich von F. W. Diterichs in Anlehnung an Schloß Sanssouci, elfachsiger eingeschossiger Putzbau, die mittleren drei Achsen gerundet vortretend. – *Dorfkirche,* im Kern 14. Jh., im 15. Jh. nach Osten verlängert, 1775 kreuzförmig erweitert; ungewöhnlich reicher Kanzelaltar um 1740, zahlreiche Grabdenkmäler 18. und 19. Jh., v. Arnstedt.

GROSS LEUTHEN (VII 1). *Schloß* (Kinderheim), stattlicher Renaissancebau 1. Hälfte 16. Jh., später wiederholt umgebaut.

GROSSMACHNOW (VI 1). *Herrenhaus,* eingeschossiger klassizistischer Bau 1815 von J. S. Coste. – In der Achse des Herrenhauses mehrgeschossiger *Uhrenturm,* ebenfalls von J. S. Coste. – *Dorfkirche,* spätromanischer Feldsteinbau (1. Hälfte 13. Jh.) mit querrechteckigem Westturm, Chor mit Apsis; reicher Altaraufsatz und Kanzel 1699, Hängeepitaph nach 1721, v. Schlabrendorff.

Großmachnow, Dorfkirche

GROSS PANKOW (I 2). *Dorfkirche,* Feldsteinbau 15. Jh., 1686 umgebaut, gesonderter Glockenstuhl aus verbrettertem Fachwerk; Kanzelaltar um 1686.

GROSS PINNOW (IV 1). *Dorfkirche,* Feldsteinbau Mitte 13. Jh. mit verbrettertem Turmaufsatz; Altaraufsatz 1756.

GROSS RIETZ (VII 1). *Schloß* (Wohnhaus), zweigeschossiger Barockbau (Ende 17. Jh.), starker Mittelrisalit mit reichem Portal und Giebeldreieck, großes Treppenhaus mit zweiarmiger Holztreppe, in einigen Räumen Stuckdekorationen. – In der barocken *Dorfkirche* (1704) bemerkenswertes Epitaph nach 1704, v. d. Marwitz.

GROSS SCHÖNEBECK (III 2). *Jagdschloß* (Forstverwaltung), zweigeschossiger Frühbarockbau (nach 1660, in der 1. Hälfte 19. Jh. geringfügig verändert) über annähernd quadratischem Grundriß, Ecktürmchen mit Zinnen, Raum mit Stuckdecke (Anfang 18. Jh.). – *Dorfkirche,* einschiffiger Frühbarockbau (1664–1673) mit massigem gotischem Westturm; Kanzelaltar, Orgelprospekt und Emporen 18. Jh.

GROSSTHIEMIG (VI 3). In der *Dorfkirche* (15. Jh. und 1545) reicher Altaraufsatz um 1620.

GROSS WARNOW (I 1). In der *Dorfkirche* (15. Jh., 1863 erneuert) spätgotischer Flügelaltar Anfang 16. Jh.

GRUBE (bei Perleberg) (I 2). In der *Dorfkirche* (Fachwerkbau 18. Jh.) spätgotischer Flügelaltar um 1500.

GRUBE (bei Potsdam) (II 3). *Dorfkirche,* schlichter Barockbau Mitte 18. Jh.; Kanzelaltar 1746.

GRÜNOW (IV 1). *Dorfkirche,* spätromanische Chorturmkirche 1. Hälfte 13. Jh.; Kanzel um 1700.

GÜNTERBERG (III 2). *Dorfkirche,* schlichter Barockbau von 1723 mit Westturm von 1754; Kanzelaltar (Mitte 17. Jh.) mit spätgotischen Schnitzfiguren, reicher Taufstein 1596.

GÜSTOW (III 1). In der *Dorfkirche* (2. Hälfte 13. Jh.) spätgotischer Flügelaltar von 1516 und Gemälde (Noli me tangere) 1. Hälfte 17. Jh.

GUHROW (VII 2). *Herrenhaus,* schlichter klassizistischer Bau um 1800.

GULBEN (VII 2). *Dorfkirche,* schlichter klassizistischer Bau von 1797.

GULOW (I 1). ***Dorfkirche,*** einschiffiger Feldsteinbau 15. Jh.; Kanzelaltar Mitte 18. Jh.

GUSOW (IV 3). ***Schloß,*** im Kern 17. Jh., nach 1850 zur neugotischen Dreiflügelanlage umgestaltet. – Südwestlich vom Schloß ehemalige ***Pumpstation,*** klassizistischer Pavillon 1. Hälfte 19. Jh. – ***Park,*** urspr. Barockanlage, im 19. Jh. zum Landschaftspark umgestaltet.

GUTENGERMENDORF (III 2). ***Dorfkirche,*** spätromanischer Feldsteinbau (Mitte 13. Jh.) mit querrechteckigem Westturm; Kanzel 1697, Patronatsgestühl Anfang 17. Jh., Relief der Dreieinigkeit 2. Hälfte 16. Jh.

H

HAAGE (II 3). In der ***Dorfkirche*** (1935) reicher Kanzelaltar um 1720/30, Arbeit der Schlüter-Schule.

HÄNCHEN (VII 2). ***Herrenhaus,*** schlichter klassizistischer Putzbau Anfang 19. Jh.

HAGELBERG (V 1). ***Dorfkirche*** im Ortsteil Klein Glien, kleiner Putzbau von 1665; Altaraufsatz 1683, zwei Grabmäler 17. und frühes 18. Jh.

HAKENBERG (II 2). ***Dorfkirche,*** Backsteinbau von 1874. – Südlich des Ortes ***Denkmal*** der Schlacht bei Fehrbellin (1675), im wesentlichen nach 1800, und ***Aussichtsturm*** von 1875.

HASELOFF (V 1). ***Dorfkirche,*** spätromanischer Feldsteinbau (1. Hälfte 13. Jh.) mit spätgotischem Westturm; Altaraufsatz 2. Hälfte 18. Jh.

HEILIGENGRABE (II 1). ***Klosterkirche*** des ehemaligen Zisterzienser-Nonnenklosters (Diakonissenhaus und Pflegeheim), gestiftet 1287, einschiffiger gotischer Backsteinbau (13. Jh., nach Brand 1719 Gewölbe erneuert) mit Kreuzrippengewölben. Bemerkenswerte Ausstattungsstücke: Acht Holztafeln mit Darstellung der Gründungssage 16. Jh. Altaraufsatz mit Flügelgemälden, um 1420. Orgelprospekt Anfang 18. Jh. – An der Nordseite Kreuzgang mit Klausurgebäuden, letztere im 18. und 19. Jh. stark verändert; Teile der mittelalterlichen Klostermauer erhalten. – ***Kapelle des Hl. Grabes,*** einschiffiger spätgotischer Backsteinbau (geweiht 1512, 1903/04 entstellend restauriert) mit Sterngewölben, im Westen reicher Staffelgiebel.

Heiligengrabe, Kapelle des Hl. Grabes

HEINERSDORF (IV 3). *Herrenhaus,* zweigeschossiger Barockbau Ende 17. Jh., zur Dreiflügelanlage erweitert, Stuckdecken spätes 17. Jh. – *Dorfkirche,* spätromanischer Feldsteinbau (um 1240) mit spätgotischem Westturm; Kanzelaltar um 1700. – Auf dem Friedhof klassizistisches *Erbbegräbnis* um 1830. – Im Ortsteil Behlendorf *Gutsanlage* nach 1802 von K. F. Schinkel, aus Raseneisenstein errichtete Wohn- und Wirtschaftsgebäude um achteckigen Hof gruppiert, im 19. und 20. Jh. stark verändert.

HELLE (I 1). In der *Dorfkirche* (1913 von G. Büttner) spätgotischer Flügelaltar (im Schrein Marienkrönung) um 1470.

HERZBERG/ELSTER (VI 2). *Pfarrkirche St. Marien,* dreischiffige spätgotische Backstein-Hallenkirche (Osthälfte vor 1377 begonnen, Westhälfte um 1430 vollendet) mit Netz- und Sterngewölben, in den Gewölbefeldern umfangreicher spätgotischer Gemäldezyklus (u. a. Evangelisten, Propheten, Verkündigung, Jüngstes Gericht), Osthälfte durch breite Gurtbögen und Pfeiler von der Westhälfte abgesetzt, Mittelschiff und Seitenschiffe flach dreiseitig geschlossen, an der Nordseite Sakristei über unregelmäßigem sechseckigem Grundriß, querrechteckiger Westturm mit Aufsatz, Haube und Laterne aus dem 17. Jh. Bemerkenswerte Ausstattungsstücke: Altaraufsatz 1765. Kanzel 17. Jh. Taufstein 1624. Grabdenkmäler 16./17. Jh. – *Begräbniskirche St. Katharinen,* einschiffiger spätgotischer Backsteinbau (um 1400) mit Flachdecke. – *Rathaus,* Spätrenaissancebau (1680) mit Benutzung älterer Teile, Giebel, Dacherker und Dachreiter.

HERZBERG (bei Neuruppin) (II 2). *Dorfkirche,* spätgotischer Feldsteinbau vermutlich 15. Jh., Westturm mit blendengeschmückten Staffelgiebeln, im Chor Reste spätgotischer Wandmalereien; Altarwand und Taufengel 18. Jh. – *Dorfkrug* mit Vorlaube auf vier Holzsäulen, vermutlich 18. Jh.

HERZFELDE (bei Strausberg) (III 3). *Dorfkirche,* stattlicher spätromanischer Feldsteinbau (um 1240) mit querrechteckigem Westturm, Chor und Apsis; spätgotischer Taufstein.

HERZFELDE (bei Templin) (III 1). *Dorfkirche,* turmloser spätromanischer Feldsteinbau 13. Jh.; Altaraufsatz, Kanzel und Taufe um 1600.

HIMMELPFORT (III 1). *Klosterkirche* des ehemaligen Zisterzienser-Klosters, gegründet 1299, gotischer Backsteinbau (14. Jh.), urspr. dreischiffig, Westteil Ruine, Ostteil 1663 in vereinfachter Form zur Dorfkirche ausgebaut; Altaraufsatz und Kanzel 2. Hälfte 17. Jh. – Ehemaliges *Brauhaus,* spätgotischer Backsteinbau (wohl Ende 14. Jh.) mit Blendengiebel.

Himmelpfort, Ruine der ehemaligen Klosterkirche

HOHENBUCKO (VI 2). In der *Dorfkirche* (frühgotisch vermutlich 14. Jh.) spätgotisches Vesperbild und zwei Leuchterengel Anfang 16. Jh.

HOHENFINOW (III 2). *Dorfkirche,* stattlicher spätromanischer Feldsteinbau (um 1250) mit querrechteckigem Westturm, urspr. dreischiffige Basilika, Seitenschiffe später abgebrochen; Kanzelaltar um 1750, Patronatsloge 1727.

HOHENGÖRSDORF (VI 2). *Dorfkirche,* spätromanischer Feldsteinbau mit barockem Fachwerktürmchen; reicher Kanzelaltar 1730 von J. Angermann.

HOHENLEIPISCH (VI 3). *Dorfkirche,* stattlicher spätromanischer Feldsteinbau um 1200.

HOHENLOBBESE (V 1). *Dorfkirche,* barocker Feldsteinbau von 1697 mit Benutzung älterer Teile; gediegene Ausstattung der Entstehungszeit.

HOHENNAUEN (II 3). *Dorfkirche,* spätromanischer Westturm 1. Hälfte 13. Jh., barockes Langhaus 1710–1720; reicher Altaraufsatz und Taufstein um 1600, mehrere reiche Grabdenkmäler 18. Jh., darunter Werke der Berliner Bildhauerfamilie Meyer. – *Herrenhaus,* schlichter zweigeschossiger Putzbau von 1792. – *Herrenhaus,* eingeschossige barocke Dreiflügelanlage in Fachwerkbauweise von 1778.

HOHENREINKENDORF (IV 1). *Dorfkirche,* stattlicher frühgotischer Feldsteinbau (um 1250) mit neugotischem Westturm von 1894; reicher Altaraufsatz um 1600.

HOHENSELCHOW (IV 1). *Dorfkirche,* frühgotischer Feldsteinbau um 1250, um 1710 barock ausgebaut; 1945 beschädigte Ausstattung der Ausbauzeit. – *Herrenhaus,* schlichter zweigeschossiger Barockbau von 1782 auf T-förmigem Grundriß mit niedrigen Seitenflügeln.

HOHENWERBIG (V 1). *Dorfkirche,* spätromanischer Feldsteinbau frühes 13. Jh.; spätromanischer Taufstein.

HOLZENDORF (III 1). *Dorfkirche,* schlichter spätgotischer Feldsteinbau wohl 15. Jh.; Altaraufsatz Anfang 17. Jh.

HOLZHAUSEN (II 2). In der *Dorfkirche* (13./14. Jh.) reicher Altaraufsatz 1707 von J. Becker aus Rathenow.

HOPPEGARTEN (bei Müncheberg) (IV 3). *Dorfkirche,* schlichter Barockbau von 1714; Kanzelaltar 1733 von Ch. F. Sprung (Tischler) und J. Barath (Maler).

HOPPENRADE (bei Gransee) (II 2). ***Schloß,*** eingeschossige barocke Dreiflügelanlage von 1724, der Hauptbau um 1800 aufgestockt, im südöstlichen Seitenflügel ehemalige Schloßkapelle mit reichem Kanzelaltar von 1724.

HOPPENRADE (bei Pritzwalk) (I 2). ***Dorfkirche*** im Ortsteil Garz, frühgotischer Feldsteinbau (2. Hälfte 13. Jh.) mit massigem Westturm; Kanzelaltar um 1700.

HORNO (VII 2). ***Dorfkirche,*** im Kern gotischer Feldsteinbau 14. Jh., um 1700 barock umgebaut.

HORST (bei Pritzwalk) (II 2). ***Altes Schloß,*** urspr. Vierflügelanlage der Renaissance, seit dem 19. Jh. Ruine, erhalten Teile des Nordflügels und Treppenturm. – ***Neues Schloß,*** im Kern 18. Jh., um 1910 verändert. – Ehemalige ***Gutskapelle,*** Fachwerkbau von 1688; Kanzelaltar 1. Hälfte 18. Jh., Taufengel um 1850, Grabmal v. Blumenthal nach 1794 von J. G. Schadow.

I

IHLOW (bei Buckow) (IV 3). ***Dorfkirche,*** spätromanischer Feldsteinbau (um 1230/40) mit querrechteckigem Westturm, Chor und Apsis. – ***Schloß,*** zweigeschossiger Barockbau (frühes 18. Jh.) mit eingeschossigen Seitenflügeln, nach 1900 stark verändert.

IHLOW (bei Dahme) (VI 2). ***Dorfkirche,*** gotischer Feldsteinbau (vermutlich 14. Jh.) mit querrechteckigem Westturm.

ILLMERSDORF (bei Cottbus) (VII 2). ***Dorfkirche,*** schlichter Barockbau 1742 von Baumeister Reimann aus Lübben.

ILLMERSDORF (bei Dahme) (VI 2). ***Dorfkirche,*** im Kern spätromanischer Feldsteinbau, im 15. Jh. spätgotisch erneuert; reicher Taufstein 1619.

J

JABEL (II 1). ***Dorfkirche,*** kleiner klassizistischer Saalbau von 1803; Kanzelaltar und Taufe der Entstehungszeit. – ***Altlutherische Kirche,*** schlichter Fachwerkbau von 1851.

JÄNSCHWALDE (VII 2). *Dorfkirche,* schlichter klassizistischer Bau von 1806.

JAKOBSHAGEN (III 1). In der *Dorfkirche* (13. Jh.) Altaraufsatz (um 1600) unter Verwendung von zwei spätgotischen Schnitzaltären.

JESERIG (bei Wiesenburg) (V 1). *Dorfkirche,* turmloser spätromanischer Feldsteinbau; Altaraufsatz 1693, Kanzel um 1615.

JESERIG (bei Brandenburg) (II 3). In der *Dorfkirche* (im Kern mittelalterlich) marmornes Wandepitaph nach 1771, v. Rochow.

JOACHIMSTHAL (III 2). *Pfarrkirche,* im Kern barocker Saalbau (1740 mit Benutzung älterer Teile), 1817 unter Schinkels Einfluß neugotisch wiederhergestellt, an der Südseite Turm.

JÜTERBOG (VI 2). Urspr. slawischer Burgwall, nach der Eroberung (1157) Anlage eines deutschen Burgwalls (1161 urkundlich

Jüterbog, Standbild des hl. Mauritius am Rathaus

Jüterbog, Nikolaikirche

genannt), östlich davon planmäßige Anlage einer civitas (1174 Stadtrecht), annähernd ellipsenförmiger Grundriß mit zwei gebogenen Längsstraßen, einem großen rechteckigen Markt und ungleichmäßig verteilten Querstraßen. Von der ***Stadtbefestigung*** Teile der Stadtmauer (1335 erwähnt) mit Resten von Wiekhäusern erhalten (vorwiegend im Westen der Stadt), ferner drei Stadttore: Dammtor (um 1480), Doppeltor, Außentor mit Blenden und Friesen, neben dem Innentor Rundturm mit Zinnenkranz. Neumarkter Tor (um 1480/90), Doppeltor, Außentor mit Ecktürmchen, Blenden und Friesen, neben dem Innentor Rundturm mit Zinnenkranz. Zinnaer Tor (um 1480/90), Blendengliederung, daneben Rundturm mit gemauerter Spitze. – ***Rathaus,*** erster Bau 1380, spätgotischer Umbau 1450–1506, zweigeschossig, aus drei Teilen hervorgegangen: an der Südostecke aus einem viereckigen Stadtturm (1432 als »Burgfrieden« bezeichnet), im Westen aus einem Fachwerkbau (?), Rathaus und Kaufhaus zugleich (während des Umbaus abgerissen, um dem Neubau Platz zu machen), und im Norden aus einem Vorbau (ehemals Gerichtslaube und Tuchhalle). Vorhangbogenfenster, im Osten reicher Maßwerkgiebel, an der Nordostecke Standbild des hl. Mauritius (Original von 1508 im Heimatmuseum), im Innern Räume mit Kreuzrippen- und Zellengewölben, besonders bemerkenswert: Bürgermeisterzimmer mit Zellengewölbe und reicher spätgotischer Tür. – *Abtshof* (Planeberg 9; ehemals Haus der Äbte von Kloster Zinna, Heimatmuseum), eingeschossiger spätgotischer Backsteinbau (nach 1478) mit Staffelgiebel, im Innern Kreuzrippengewölbe. – *Heimatmuseum,* u. a. Stadtgeschichte vom Mittelalter bis zur Gegenwart, Flämingtrachten, Blaudrucke. – *Pfarrkirche St. Nikolai,* dreischiffige spätgotische Backstein-Hallenkirche (2. Hälfte 14. Jh. und um 1420, Hallenumgangschor 1475 begonnen, nördliche Sakristei 1488, südliche Sakristei 1447) mit Kreuzrippengewölben, Chor mit Umgang, südliche Sakristei mit alter Bemalung (u. a. Heiligenlegenden und Propheten), Westfassade mit zwei Türmen (Türme durch Brücke verbunden), reiches Sandstein-Westportal (Statue des hl. Nikolaus). Bemerkenswerte Ausstattungsstücke: Zahlreiche spätgotische Bildwerke und Gemälde, in der Mehrzahl vom ehemaligen Hochaltar etwa 1430. Gemalter Flügelaltar (Beweinung Christi) 1. Hälfte 16. Jh. aus der Cranach-Schule. Schmerzensmutter um 1500. Schreinaltar (Maria mit Kind) Anfang 16. Jh. Sakramentshaus (6 m hoch) 1507. Kanzel 1608. Altaraufsatz 1700. – *Mönchenkirche* (ehemalige Franziskaner-Klosterkirche, Bibliothek), dreischiffige spätgotische Backstein-Hallenkirche (1480–1510) mit Kreuzrippengewölben, im Mittelschiff Gewölbemalereien (Christus als Weltenrichter, Stigmatisation des hl. Franziskus) der Entstehungszeit, an der Nordseite des Chors ehemaliger Kapitelsaal (um 1510); reiche Kanzel 1577, Taufstein 16. Jh. – *Liebfrauenkirche,* gegründet um 1160, urspr. dreischiffige spätromanische Backstein-Basilika (1. Hälfte 13. Jh., Seitenschiffe später abgebrochen) mit Querschiff und spätgotischem Chor (15. Jh.). Bemerkenswerte Ausstattungsstücke: Kanzel 1573, spätgotischer Taufstein, Altaraufsatz 1710, Orgelprospekt 1737. – *Dorfkirche* im Ortsteil Neumarkt, spätromanischer Feldsteinbau mit Dachreiter von 1724, an den Chorwänden spätgotische Wandmalereien (Szenen aus dem Leben Christi) 2. Hälfte 15. Jh., das hölzerne Tonnengewölbe über dem Langhaus mit barocken Gemälden (1709 von Schorn aus Berlin); reicher Altaraufsatz 1736 von J. Angermann, spätgotischer Taufstein, großes Kruzifix Ende 15. Jh.

K

KAHREN (VII 2). *Dorfkirche,* im Kern spätgotisch um 1500, 1706 nach Osten erweitert; reiche Kanzel 1706, Grabdenkmäler 17. und 18. Jh., v. Pannwitz.

KAMPEHL (II 2). *Dorfkirche,* Feldsteinbau (um 1250) mit Dachturm über dem Westgiebel, in der Gruftkapelle Mumie des Kahlbutz; Kanzelaltar um 1715.

KASEL-GOLZIG (VI 2). *Dorfkirche,* spätgotischer Feldsteinbau (vermutlich 15. Jh.) mit querrechteckigem Westturm; Kanzelaltar um 1710/20, Tauf- und Posaunenengel 18. Jh., Grabstein 17. Jh. – *Schloß,* stattlicher eingeschossiger barocker Putzbau (2. Hälfte 18. Jh.), von ehemaliger Orangerie und Fachwerk-Kavalierhaus flankiert.

KEHRBERG (I 2). *Dorfkirche,* frühgotischer Feldsteinbau 2. Hälfte 13. Jh., Westturm mit Fachwerkaufsatz von 1829; Kanzelaltar 1670, Grabmal 1683, v. Alvensleben.

KELLER (II 2). *Dorfkirche,* schlichter Barockbau von 1743; Kanzelaltar 1744.

KERKOW (III 2). *Dorfkirche,* stattlicher frühgotischer Feldsteinbau 2. Hälfte 13. Jh., Chor mit reichem spätgotischem Sterngewölbe; Altaraufsatz 1596, Kanzel 2. Hälfte 17. Jh., Taufe 1707.

KETZIN (II 3). *Dorfkirche,* Barockbau (1758–1763) mit umlaufender Empore und spätgotischem Westturm; reicher Kanzelaltar und Taufe 1712.

KETZÜR (II 3). In der *Dorfkirche* (im Kern frühgotisch, 1599 nach Osten erweitert, Ausmalung des 17. Jh.) besonders bemerkenswert: Epitaph für Heinrich v. Brösicke 1611–1613 von Ch. Dehne aus Magdeburg, Kanzel 1605.

KIEKEBUSCH (VII 2). *Dorfkirche,* gotischer Feldsteinbau (vermutlich 14. Jh.) mit Fachwerkturm von 1718; Altaraufsatz 2. Hälfte 17. Jh., spätgotischer Taufstein.

KLEIN DÖBBERN (VII 2). *Dorfkirche,* spätgotischer Feldsteinbau Anfang 16. Jh., 1680 nach Osten erweitert; Kanzelaltar um 1600, Grabdenkmäler 18. und 19. Jh., v. Blücher.

KLEIN KREUTZ (II 3). In der *Dorfkirche* (neuromanischer Backsteinbau von 1867) spätgotischer Flügelaltar von 1463. – *Dorfkirche* im Ortsteil Saaringen, schlichter Barockbau von 1796; Kanzelaltar der Entstehungszeit, spätgotisches Kruzifix 15. Jh.

KLEINMACHNOW (III 3). *Dorfkirche,* einschiffiger spätgotischer Backsteinbau (um 1500, vollendet 1597 von K. Jacke aus Potsdam) mit tonnenförmigem Netzgewölbe und querrechteckigem Westturm; Renaissance-Altar mit doppelten Flügeln (im Schrein Abendmahl) 1599 von H. Zinckeisen aus Berlin, Taufstein 1597 von N. Zinckeisen, Kanzel Ende 16. Jh., zwei Bildnisse (Luther, Melanchthon) 16. Jh., Grabdenkmäler 18. Jh., v. Hake.

KLEINMUTZ (III 2). *Dorfkirche,* Westturm 13. Jh., barockes Langhaus nach 1754; spätgotische Bronzetaufe 15. Jh.

KLEIN WOLTERSDORF (I 2). In der *Dorfkirche* Reste eines spätgotischen Schnitzaltars spätes 15. Jh.

KLEPTOW (III 1). *Dorfkirche,* stattlicher Feldsteinbau (13. Jh.) mit querrechteckigem Westturm; Altaraufsatz und Kanzel Anfang 17. Jh.

KLESSEN (II 3). *Herrenhaus,* eingeschossige barocke Dreiflügelanlage um 1750, im frühen 19. Jh. klassizistisch überarbeitet. – *Dorfkirche,* Putzbau von 1913; Kanzelaltar um 1750, Taufe Anfang 17. Jh., Orgelprospekt 1717.

KLETZKE (I 2). *Dorfkirche,* einschiffiger Feldsteinbau (um 1250/60) mit Backsteinteilen, im 17. Jh. nach Westen verlängert; Kanzelaltar 2. Hälfte 18. Jh., Taufstein frühes 17. Jh., mehrere figürliche Grabdenkmäler der Familie v. Quitzow, besonders bemerkenswert: Wandgrab aus schwarzem Marmor nach 1616 vermutlich von Ch. Dehne aus Magdeburg.

KLOSTERFELDE (III 2). *Dorfkirche,* im Kern 13. Jh., im 15. Jh. spätgotisch umgebaut und nach Osten verlängert, Chor mit Kreuzrippengewölben auf Kopfkonsolen, barocker Westturm von 1742; Altaraufsatz 1719, Moseskanzel 1690.

KLOSTER ZINNA (VI 2). *Klosterkirche* des ehemaligen Zisterzienser-Klosters, gegründet 1170 oder 1171, dreischiffige Gra-

Kloster Zinna

nitpfeilerbasilika (um 1230 begonnen), teilweise mit spätgotischen Kreuzrippengewölben (15. Jh.), Querschiff mit ausgeschiedener Vierung, an seiner Ostseite je zwei Nebenkapellen, Chor mit Apsis. Bemerkenswerte Ausstattungsstücke: Sakramentsnische 15. Jh. Chorgestühl um 1360. Im Chorfußboden ein Schriftfeld aus Fliesen mit dem Englischen Gruß in Majuskeln, 13./14. Jh. Barockes Wandgrab 1. Viertel 18. Jh. Schmiedeeiserne Gittertür der Nordkapelle 1700. – *Klostergebäude:* Wohnhaus (um 1400), an der Nordseite reicher Giebel mit Wimpergen. Fürstenhaus (ehemaliges Abtshaus, Heimatmuseum), zweigeschossiger spätgotischer Bau (um 1440/50) mit reichem Staffelgiebel, im Innern Wandgemälde (Schutzmantelmadonna, Heilige) Mitte 15. Jh. – *Heimatmuseum,* u. a. Klostergeschichte 1170/71–1555, Geschichte der Weberkolonie ab 1764.

KÖNIGSBERG (II 2). *Dorfkirche,* spätgotischer Feldsteinbau (1. Hälfte 16. Jh.) mit hohem Westturm und dreigeschossigem Ostgiebel; reicher Altaraufsatz 1631, Kanzel um 1630.

KÖNIGS WUSTERHAUSEN (VI 1). *Jagdschloß,* zweigeschossiger Renaissancebau (Mitte 16. Jh., 1717/18 erneuert und verändert) mit zwei gleichlaufenden Satteldächern und Treppenturm mit geschweifter Haube, der Schloßhof von zwei langen zweigeschossigen Bauten seitlich eingefaßt und durch kurze Flügel nach vorn abgeschlossen (vermutlich 1703). – In der *Kreuzkirche* (urspr. 1697, 1822 romanisierend umgebaut) ungewöhnlich reicher Prunktisch Anfang 18. Jh.

Königs Wusterhausen, Kreuzkirche

KÖRBA (VI 2). In der *Dorfkirche* reicher Kanzelaltar um 1600 und spätgotischer Christus in der Rast um 1500.

KÖRBITZ (VI 2). *Dorfkirche,* spätromanischer Feldsteinbau mit spätgotischem Westturm; Kanzelaltar um 1715, zwei spätgotische Schnitzfiguren 1. Hälfte 15. Jh.

KÖTZLIN (I 2). *Dorfkirche,* schlichter Barockbau von 1775; Kanzelaltar der Zeit, Grabmal nach 1780, v. Königsmarck.

KOLKWITZ (VII 2). *Dorfkirche,* spätgotischer Feldsteinbau 15. Jh., 1876 nach Osten erweitert.

KOMPTENDORF (VII 2). *Dorfkirche,* spätgotischer Feldsteinbau um 1500, im 16. Jh. nach Osten erweitert; Altaraufsatz 1575.

KOSSDORF (VI 3). *Dorfkirche,* schlichter Barockbau vermutlich von 1736 mit romanischem Westturm.

KOSSENBLATT (VII 1). *Schloß* (Archiv), zweigeschossige barocke Dreiflügelanlage (1705–1712), Haupttrakt mit pavillonartigem Mittelrisalit, lange und schmale Flügel, an ihren Enden Pavillons, an der Gartenfront Mittelrisalit mit Segmentgiebel, geräumiges Treppenhaus mit Holztreppe. – *Dorfkirche,* im Kern spätmittelalterlich, im 18. Jh. barock umgebaut; zwei Damenbildnisse nach 1730, drei figürliche Grabsteine frühes 17. Jh.

Kossenblatt, Schloß

KOTZEN (II 3). *Dorfkirche,* spätgotischer Feldsteinbau mit querrechteckigem Westturm; Emporen-Kanzelaltar 1712, zwei Epitaphe nach 1773 und nach 1787 von W. Ch. Meyer aus Berlin, v. Stechow.

KRANGEN (II 2). *Dorfkirche,* klassizistischer Bau von 1837 in der Art der Schinkel-Schule; gediegene Ausstattung der Entstehungszeit.

KRAYNE (VII 2). *Herrenhaus,* schlichter Barockbau von 1780.

KREMMEN (II 3). *Pfarrkirche St. Nikolai,* dreischiffige spätgotische Hallenkirche (2. Hälfte 15. Jh., nach Brand 1680 wiederaufgebaut) mit frühgotischem Chor (2. Hälfte 13. Jh.), Stern- und Kreuzrippengewölbe; Altaraufsatz 1686, Kanzel .1694, reiche Taufe 1694, zwei hölzerne Epitaphe nach 1691 und nach 1708. – *Rathaus,* spätklassizistischer Bau von 1840.

KRIESCHOW (VII 2). *Dorfkirche,* im Kern spätgotischer Feldsteinbau Anfang 16. Jh.; Altaraufsatz 1680.

KROSSEN (VI 2). *Dorfkirche,* im Kern gotisch, Mitte 18. Jh. barock umgebaut; gediegene Barock-Ausstattung.

KÜMMRITZ (VI 2). *Herrenhaus,* schlichter Barockbau Ende 17. Jh.

KUHSDORF (I 2). *Dorfkirche,* frühgotischer Feldsteinbau (spätes 13. Jh.) mit mächtigem Westturm; Kanzelaltar 1707 von D. Weidner aus Perleberg, großer spätgotischer Taufstein. – *Pfarrhaus,* Fachwerkbau von 1707.

KUHZ (III 1). *Dorfkirche,* frühgotischer Feldsteinbau (2. Hälfte 13. Jh.) mit querrechteckigem Westturm; Altaraufsatz 1697, Kanzel 1594.

KUNERSDORF (IV 3). *Dorfkirche,* Neubau von 1955. – Auf dem Friedhof *Grabanlage* für die Familien v. Lestwitz und v. Itzenplitz, Säulenkolonnade wahrscheinlich von C. G. Langhans, Grabdenkmäler von J. G. Schadow und Ch. D. Rauch.

KUNOW (bei Schwedt) (IV 1). *Dorfkirche,* stattlicher frühgotischer Feldsteinbau (2. Hälfte 13. Jh.) mit Fachwerk-Turmaufsatz von 1757, an der Westempore Brüstungsgemälde 18. Jh.; reicher Altaraufsatz 1719, reiche Kanzel und Taufengel 1712.

KYRITZ (II 2). Von der *Stadtmauer* größere Reste im Osten erhalten. – Mehrere *Fachwerk-Giebelhäuser* (17. Jh.) in der Johann-Sebastian-Bach-Straße. – *Pfarrkirche St. Marien,* dreischiffige gotische Backstein-Hallenkirche (2. Hälfte 14. Jh., 1708–1714

Kremmen, Nikolaikirche

umgebaut) mit Kreuzrippengewölben und zweitürmigem Westbau (nach 1849); Kanzel um 1714, Taufstein Mitte 16. Jh., zwei Epitaphe 17. und 18. Jh., spätgotischer Achatiusaltar um 1480. – ***Rathaus,*** Backsteinbau von 1879. – Ehemaliges ***Hospital St. Spiritus*** (Hospitalstr. 7), eingeschossiger klassizistischer Bau von 1828.

L

LADEBURG (III 3). ***Dorfkirche,*** im Kern mittelalterlich, im 19. Jh. stark verändert, an der Nordseite schlichtes Portal Anfang 14. Jh.

LANGENLIPSDORF (VI 2). ***Dorfkirche,*** spätromanischer Feldsteinbau mit Westturm von 1882; Altaraufsatz 1714/15, Kanzel Anfang 18. Jh., Taufengel 1713.

LANGENNAUNDORF (VI 3). ***Dorfkirche,*** Barockbau (1715 von A. Kröpper) mit gediegener Ausstattung.

LANGSOW (IV 3). ***Dorfkirche und Schule*** unter einem Dach, langgestreckter Fachwerkbau von 1832.

LANKE (III 2). *Schloß* (Krankenhaus), stattlicher Neurenaissancebau (1856–1859) von E. Knoblauch. – *Dorfkirche,* neugotischer Backsteinbau von 1867/68.

LAUCHHAMMER (VI 3). In der *Schloßkapelle* (Rest des abgetragenen Schlosses von 1737) reiche barocke Ausstattung in Weiß und Gold sowie Kreuzigungsgruppe aus Meißner Porzellan um 1750 von J. J. Kändler.

LEBUS (IV 3). *Pfarrkirche St. Marien,* klassizistischer Bau von 1810, 1945 ausgebrannt, Langhaus und Westturm bis 1965 wiederhergestellt. – Von der ehemaligen *Burg* (Sitz der Bischöfe von Lebus) nur geringe ausgegrabene Reste sichtbar.

LEGDE (I 2). *Dorfkirche,* spätgotischer Backsteinbau, 1892 stark verändert; reicher Kanzelaltar Anfang 18. Jh. – Nahe der Kirche *Denkmal* für den 1593 hier erschlagenen Dietrich v. Quitzow.

LEHNIN (V 1). *Klosterkirche* des ehemaligen Zisterzienser-Klosters, gestiftet 1180. Frühgotischer Backsteinbau mit spätromanischen Ostteilen um 1190, geweiht 1262, 1542 säkularisiert, wiederhergestellt 1872–1877. Dreischiffige Pfeilerbasilika im gebundenen System mit Kreuzrippengewölben, Querschiff mit ausgeschiedener Vierung, an der Ostseite der Querschiffsarme Kapellen und Emporen, Chorrechteck mit Apsis, deren Fenster in zwei Reihen angeordnet. Rund- und Kreuzbogenfriese, Westfront im Erdgeschoß mit Blendenreihe, darüber je drei Fenster in zwei Geschossen, an der Nordecke Treppenturm, Dachreiter von 1910. Bemerkenswerte Ausstattungsstücke: Spätgotischer Flügelaltar (im Schrein Marientod und Marienkrönung) 1476. Gemalter Altar (auf der Mitteltafel Kreuzigung) 3. Viertel 15. Jh. Triumphkreuz um 1230/40. Grabstein des Markgrafen Otto IV. (Mönchsfigur), gest. 1303. Grabstein eines Abtes, gest. 1509. – Von den *Klausurgebäuden* (Diakonissenheim) nur Teil des Ostflügels mit Sakristei, zweischiffigem Kapitelsaal und Kreuzgang nahezu unversehrt erhalten, die übrigen Teile wiederholt umgebaut und entstellt. – *Klostergebäude außerhalb der Klausur:* Königshaus (ehemaliges Abtshaus), zweigeschossiger spätgotischer Backsteinbau (15. Jh.), im Süden reicher Giebel, im Erdgeschoß Holzdecken, im Obergeschoß Kreuzrippengewölbe, Wendeltreppe. Falkonierhaus (15. Jh.), im Südgiebel Spitzbogenblenden. Kornhaus (14. Jh.), Zwillingsfenster mit Spitzbogenschluß. Klostermauer und Wehrturmreste.

LEHNSDORF (V 1). *Dorfkirche,* spätromanischer Feldsteinbau (Anfang 13. Jh.) mit Dachturm von 1862; Kanzelaltar 18. Jh.

LETSCHIN (IV 3). Von der 1945 zerstörten *Dorfkirche* nur der Westturm erhalten, neugotischer Backsteinbau 1818/19 nach Entwurf von K. F. Schinkel.

Lehnin, Klosterkirche, Kreuzigungsbild

LEUTHEN (VII 2). *Schloß,* dreigeschossiger Renaissancebau (1595) mit zwei eingeschossigen Flügeln (18. Jh.), an der Nordseite Turm mit geschweifter Haube und Laterne, daneben Zwerchhaus mit Volutengiebel, an der Westseite ebenfalls Volutengiebel. – *Dorfkirche,* einschiffiger spätgotischer Backsteinbau (um 1500, im 16. Jh. nach Westen erweitert), im Osten reicher Giebel, an der Südseite Vorhalle mit Staffelgiebel, neugotischer Westturm (1854). Bemerkenswerte Ausstattungsstücke: Altaraufsatz 1593. Spätgotischer Altarschrein (Maria in der Strahlensonne) frühes 15. Jh. Schnitzfigur (hl. Jakobus) um 1500.

LIEBENWALDE (III 2). *Pfarrkirche,* einschiffiger klassizistischer Bau (1833–1835 von Bauinspektor Hermann aus Zehdenick) in der Art der Schinkel-Schule mit Kampanile; einheitliche Ausstattung der Entstehungszeit.

LIEBENWERDA, BAD (VI 3). *Schloß* (Heimatmuseum), von der mittelalterlichen Burg gotischer Backstein-Bergfried (»Lubwart«) erhalten, die übrigen Gebäude des Schloßbezirks urspr. Mitte 16. Jh., nach Brand 1733 in veränderten Formen wiederaufgebaut. – *Heimatmuseum,* u. a. Ur- und Frühgeschichte des Kreisgebietes, Stadtgeschichte, örtliches Handwerk. – *Rathaus,* zweigeschossiger klassizistischer Bau (um 1800), in der Mitte Erker mit Giebeldreieck, Dachreiter. – *Pfarrkirche St. Nikolai,* urspr. dreischiffige spätgotische Backstein-Hallenkirche (14. oder 15. Jh., nach 1513 erneuert), jetzt einschiffig, an der Nordseite Sakristei und Ratsloge, Westturm (1898); Taufstein 1671, Triumphkreuz und Schmerzensmann, beide spätgotisch.

LIEBEROSE (VII 2). *Schloß* (Berufsschule), dreigeschossige barocke Vierflügelanlage (1658–1699) mit Benutzung von Teilen eines Renaissancebaues, ein Flügel nach 1945 wegen Baufälligkeit abgebrochen, neben der Durchfahrt (1695) ehemals großer Turm mit barocker Haube, im Hof kleiner Turm; in einigen Räumen Gewölbe mit reichen Stuckdekorationen (vermutlich Arbeiten italienischer Meister), Blumen-, Frucht- und Tuchgehänge, figürliche Motive (3. Viertel 17. Jh.). – In der schlichten barocken *Landkirche* ungewöhnlich reicher Altaraufsatz (urspr. Epitaph für Joachim v. d. Schulenburg, gest. 1594) sowie Taufstein von 1603, beide aus der 1945 ausgebrannten benachbarten Stadtkirche.

LIEDEKAHLE (VI 2). *Dorfkirche,* gotischer Feldsteinbau (14. Jh.) mit frei stehendem hölzernem Glockenturm, bemalte Holzdecke; Altaraufsatz 1717 von Ch. Zimmermann aus Luckau.

LIEPE (bei Jüterbog) (VI 2). *Dorfkirche,* im Kern 13. Jh., im 17./18. Jh. barock erneuert; schlichte Barock-Ausstattung.

LIEPE (bei Rathenow) (II 3). In der *Dorfkirche* (im Kern spätmittelalterlich, 1881 neugotisch erneuert) bemerkenswertes Epitaph des v. Bredow nach 1572.

LIETZEN (IV 3). Im Ortsteil Lietzen-Nord *Herrenhaus* vom Typ des Festen Hauses, wahrscheinlich um 1690 mit Benutzung von Resten aus dem 16. Jh., im Innern Stuckdecken mit Gemälden. – *Gutskirche* der ehemaligen Templer-Kommende, gegründet 1244, 1318–1811 Johanniter-Komturei, einschiffig mit Sterngewölbe (Mitte 13. Jh., Ende 15. Jh. in Backstein nach Osten erweitert, erneuert 1624), Fachwerkturm von 1727; reicher Kanzelaltar Anfang 18. Jh., Taufengel 1730. – Südlich der Kirche *Speicher,* spätmittelalterlicher Feldsteinbau mit steilem Satteldach.

LINDENA (VI 3). *Dorfkirche,* dreischiffige frühgotische Basilika 1. Hälfte 13. Jh.; spätgotischer Flügelaltar um 1500, frühgotischer Taufstein.

LINDENAU (VI 3). *Schloß* (Kinderheim), im Kern Renaissancebau von 1584, um 1720/30 zur Dreiflügelanlage ausgebaut, Eingangshalle mit Kreuzgratgewölben, Säle mit reichen Stuckdekorationen. – Großer *Landschaftspark,* vermutlich angelegt im späten 18. Jh. – *Schloßkirche,* kleiner frühbarocker Putzbau von

Luckau, Frühbarockes Bürgerhaus am Markt

1668 mit reicher Ausstattung und zahlreichen Grabdenkmälern 17. und 18. Jh., v. Minkwitz.

LINDENBERG (bei Beeskow) (VII 1). *Dorfkirche,* frühbarocker Zentralbau (1667–1669) über kreuzförmigem Grundriß mit Pilastergliederung, über dem Mittelteil hölzerne Gewölbe, Pyramidendach mit Laterne; bemalte Taufe 1697, Grabdenkmäler 17. und 18. Jh. – *Herrenhaus,* zweigeschossige barocke Zweiflügelanlage (18. Jh.) wahrscheinlich mit Benutzung spätmittelalterlicher Reste, nach 1920 stark verändert.

LINDENBERG (bei Bernau) (III 3). *Dorfkirche,* stattlicher spätromanischer Feldsteinbau (1. Hälfte 13. Jh.) mit querrechteckigem Westturm, Langhaus und Chor mit spätgotischen Netzgewölben (15. Jh.), in der Apsis spätgotisches Wandgemälde (Christus als Weltenrichter); Altaraufsatz 1694, kniender Taufengel um 1700, mehrere spätgotische Schnitzfiguren.

LINDOW (bei Neuruppin) (II 2). Von dem ehemaligen *Prämonstratenser-Nonnenkloster* (2. Hälfte 13. Jh.) Ruine des Konventshauses und sog. Klosterschule erhalten, Grundmauern der Klosterkirche freigelegt. – *Pfarrkirche,* einschiffiger Barockbau (1751 nach Plänen von G. Ch. Berger) mit zwei kurzen Kreuzarmen, schlanker Ostturm mit geschweifter Haube; schlichte Ausstattung der Entstehungszeit. – *Rathaus,* zweigeschossiger klassizistischer Bau von 1809.

LINOW (II 2). *Dorfkirche,* schlichter Fachwerkbau von 1700; Taufe der Entstehungszeit.

LINUM (II 3). *Dorfkirche,* dreischiffige neugotische Hallenkirche 1868 nach Entwürfen von Glasenapp.

LÖGOW (II 2). *Dorfkirche,* spätgotischer Feldsteinbau mit verbrettertem Fachwerk-Dachturm; Altaraufsatz 1720 von G. Schwarz, Kanzel 1636 von J. Protzen (Bildhauer) und L. v. Zieten (Maler). – *Herrenhaus,* zweigeschossiger klassizistischer Bau 1811 angeblich von K. F. Schinkel.

LÖHME (III 3). *Dorfkirche,* spätgotischer Feldsteinbau mit quadratischem Westturm; Kanzel 1620, Grabdenkmäler 16. und 18. Jh.

LÖWENBERG (III 2). *Herrenhaus* (Kindergarten), schlichter zweigeschossiger Barockbau (um 1700) wahrscheinlich auf mittelalterlichen Fundamenten. – *Dorfkirche,* großer spätromanischer Feldsteinbau (Mitte 13. Jh.) mit wuchtigem Westurm; schlichte Ausstattung von 1832.

LÖWENBRUCH (VI 1). *Dorfkirche,* schlichter Barockbau von 1716; Kanzelaltar 1719, Taufe 1670, drei Schnitzfiguren 13. bis 15. Jh.

LUCKAU (VI 2). Urspr. Burg der Wettiner mit angelehnter Kirchsiedlung, planmäßige Anlage der Stadt vor 1250 (1297 civitas), elliptischer Grundriß, breite, zweimal rechtwinklig gebrochene Hauptstraße mit rechtwinkligen Querstraßen, am nördlichen Knick der Hauptstraße rechteckiger Markt mit Rathaus, 1652 großer Stadtbrand. Von der *Stadtbefestigung* (um 1290 bezeugt) fast die gesamte Backsteinmauer erhalten. Wiekhäuser bis auf eines zerstört. Spätgotischer Turm mit welscher Haube am ehemaligen Calauer Tor. – *Rathaus,* im Kern gotischer Backsteinbau, 1851 klassizistisch umgebaut, einige Räume mit Kreuzrippen-, Netz- und Sterngewölben. – Fast alle mittelalterlichen *Bürgerhäuser* 1652 vernichtet, dafür schöne Beispiele des

Lieberose, Schloß

Frühbarocks: Markt 13, 30 und 32, alle drei (Ende 17. Jh.) mit Volutengiebeln und reichen Stuckdekorationen, ausgeführt von italienischen Meistern. – Auf dem Markt *Karl-Liebknecht-Denkmal* von Th. Balden. – *Pfarrkirche St. Maria und Nikolaus* (Nikolaikirche), dreischiffige spätgotische Backstein-Hallenkirche (Hauptbauzeit Mitte und 2. Hälfte 14. Jh., Gewölbe 2. Hälfte 15. Jh., 1644 und 1652 durch Brand beschädigt, 1656–1674 wiederaufgebaut) mit Netz- und Sterngewölben, an der Nordseite seitenschiffsartige Anbauten und Sakristei, doppelläufige Holztreppe zu den Emporen, Chor mit Umgang und Kreuzgratgewölben von 1670, im Westen Zweiturmfront. Von der reichen Ausstattung besonders bemerkenswert: Altaraufsatz und Taufe 1670. Ungewöhnlich reiche Kanzel 1666 von A. Schultze aus Torgau. Orgelprospekt 1672/73. Ratsempore 2. Hälfte 17. Jh. Kleiner Reliquienschrein (Kupferplatten mit farbigen Schmelzemaileinlagen und eingravierten Heiligenfiguren) Mitte 13. Jh., Limoger Arbeit. Grabdenkmäler besonders 17. Jh. – Ehemalige *Pfarrkirche St. Georg,* einschiffiger im Kern frühgotischer Backsteinbau (seit dem 16. Jh. profaniert, jetzt Feierraum der Stadt) mit Stern- und Netzgewölben (16. Jh.), im Osten Volutengiebel und reiches Portal (17. Jh.), an der Nordseite Portal mit Delphinen (1697), mächtiger achteckiger Turm (»Hausmannsturm«, 14./15. Jh.) mit welscher Haube und Laterne (im wesentlichen 1656). – *Klosterkirche* des ehemaligen Dominikaner-Klosters (nicht zugänglich), urspr. frühgotischer Backsteinbau (nach 1848 umgebaut und entstellt), Mittelschiff mit nördlichem Seitenschiff, langgestreckter Chor. – *Hl.-Geist-Hospital,* zweigeschossiger Barockbau (1727) mit dreigeteilter Straßenfront, im Mittelteil die einschiffige Kirche, in den Seitenteilen Wohnungen. – *Heimatmuseum* (Lange Str. 71), u. a. Entwicklung der Landwirtschaft, Flämingtrachten.

LUCKENWALDE (VI 1). *Heimatmuseum* (Platz der Jugend 11), u.a. Ur- und Frühgeschichte des Kreisgebietes, Stadtgeschichte bis zur Gegenwart, besonders Geschichte der Luckenwalder Industrie. – ***Pfarrkirche St. Johannes,*** zweischiffiger spätgotischer Bau (2. Hälfte 15. Jh., Südkapelle um 1520, 1905 ausgebaut) mit Kreuzrippen- und Sterngewölben, abgesonderter spätgotischer Glockenturm mit Barockhaube, urspr. zur Burg des 12./13. Jh. gehörend; spätgotische Heiligenfiguren Anfang 16. Jh. Taufstein 1. Hälfte 16. Jh.

LÜBBEN (VI 2). Planmäßige, um 1220 mit Magdeburger Recht belehnte Stadtanlage an der Stelle einer älteren Marktsiedlung, Straßennetz in Rippenform, in der Mitte der Altstadt rechteckiger Markt, bis 1815 (Angliederung an Preußen) gelegentliche Nebenresidenz der sächsischen Kurfürsten und Sitz der Stände der Niederlausitz. Von der ***Stadtbefestigung*** (um 1480) geringer Teil der Mauer im Westen der Stadt (runder Eckturm, Wiekhaus mit Spitzbogenblenden und Maßwerk) erhalten. – ***Schloß*** (Be-

Lübben, Paul-Gerhardt-Kirche, Altaraufsatz

Lübbenau-Lehde, Freilandmuseum

rufsschule), dreigeschossiger Spätrenaissancebau (2. Hälfte 17. Jh.), im Osten reicher Giebel mit korinthischen Halbsäulen und Voluten, an der Nordseite reiches Portal mit sächsischem Wappen, vor der Nordseite mächtiger Wohnturm (2. Hälfte 14. Jh., im 18. Jh. ausgebaut, 1915 erneuert und erhöht). – Ehemaliges ***Ständehaus*** (u. a. Archiv), schlichte barocke Dreiflügelanlage (1717), zweigeschossig. – ***Paul-Gerhardt-Kirche*** (ehemalige Nikolaikirche), dreischiffige spätgotische Backstein-Hallenkirche (vermutlich zwischen 1494 und 1550 mit Benutzung älterer Teile, Turm 1945 beschädigt) mit Netzgewölben, quadratischer Westturm (2. Hälfte 16. Jh.). Bemerkenswerte Ausstattungsstücke: Altaraufsatz, Kanzel und Taufstein, sämtlich 1609/10. Spätgotisches Triumphkreuz 1. Hälfte 16. Jh. Epitaphe und Grabsteine 16.–18. Jh. In der Kirche begraben der Dichter Paul Gerhardt (gest. 1676). – ***Dorfkirche*** im Ortsteil Steinkirchen, im Kern frühgotischer Bau mit bemalter Holzdecke.

LÜBBENAU (VII 2). ***Schloß,*** klassizistische Zweiflügelanlage (1816–1820 von K. B. Siegel aus Leipzig, 1839 umgebaut) in Form eines Winkelhakens, an der Rückseite zwei niedrige Türme, geräumiges Treppenhaus. – Am Rande des großen Landschaftsparks (nach 1817 von J. E. und H. W. Freschke) die klassizistische ***Orangerie*** (um 1820 vermutlich von Siegel), das barocke ***Kanzleigebäude*** (1745–1748) und ein langgestrecktes zweigeschossiges

Fachwerkhaus (1744–1746). – *Spreewaldmuseum,* in der ehemaligen Kanzlei heimatkundliche Sammlung (u. a. Spreewaldtrachten), in der Orangerie kultur- und kunstgeschichtliche Sammlung (u. a. Gemälde von Pesne, Graff und F. A. Tischbein, Lutherdrucke und Streitschriften der Reformationszeit, Gläser und Porzellan). – *Pfarrkirche,* einschiffiger Barockbau (1744) mit Flachdecke und Emporen, Turm mit geschweifter Haube und Laterne (1773); Taufengel 1864, Zinkguß nach Modell von Ch. D. Rauch, Wandgrab M. K. zu Lynar 1765 von G. Knöffler aus Dresden. – Im Ortsteil Lehde *Freiland-Museum,* Sammlung von Spreewald-Bauernhäusern (Wohnstallhaus um 1800, Stallgaleriegebäude um 1800, Giebelumgebindewohnhaus), Hausrat, Arbeitsgeräten und Trachten des Spreewaldgebietes.

LÜCHFELD (II 2). *Dorfkirche,* Fachwerkbau des 18. Jh. mit Backsteinturm von 1874.

LÜDERSDORF (bei Wriezen) (IV 3). *Dorfkirche,* im Kern mittelalterlich, 1611 umfassend erneuert, aus dieser Zeit reiche Stuckdecke mit figürlichen Reliefs; Kanzel 1836, Orgelprospekt 1821. – *Giebellaubenhaus* (Post) vermutlich aus dem 17. Jh.

LÜDERSDORF (bei Oderberg) (IV 2). *Straßenangerdorf* mit gut erhaltener alter Bausubstanz, darunter zwei *Giebellaubenhäuser* aus dem späten 18. Jh. – *Dorfkirche,* schlichter Barockbau von 1772 mit Benutzung von Teilen eines frühgotischen Vorgängerbaus; Kanzelaltar 1772.

LÜSSE (V 1). *Dorfkirche,* spätromanischer Feldsteinbau Anfang 13. Jh.; Altaraufsatz Ende 17. Jh., Rokoko-Epitaph nach 1728.

LÜTTE (V 1). *Dorfkirche,* klassizistischer Bau von 1840 in der Art der Schinkel-Schule mit schlichter Ausstattung.

LÜTZLOW (IV 1). *Dorfkirche,* stattlicher Feldsteinbau (13. Jh.) mit querrechteckigem Westturm; Altaraufsatz 17. Jh., Moseskanzel 1622.

LUGAU (VI 3). *Dorfkirche,* spätromanische doppeltürmige Anlage mit gediegener spätbarocker Ausstattung, zwei gotischen Eichentruhen und Sakramentsschrank.

LUNOW (IV 2). *Dorfkirche,* im Kern 2. Hälfte 13. Jh., um 1872 grundlegend umgebaut; reicher Kanzelaltar 1. Hälfte 18. Jh.

LYCHEN (III 1). Von der *Stadtbefestigung* Teile der Stadtmauer sowie das Stargarder Tor (eingestürzt) und die Ruine des Fürstenberger Tores erhalten. – *Pfarrkirche St. Johannes,* einschiffiger frühgotischer Granitbau mit Backsteinteilen (2. Hälfte 13. Jh., später mehrmals erneuert), in den Sakristeifenstern Glasgemälde

Lychen, Johanneskirche

(Ende 17. Jh.), wuchtiger Westturm mit reicher Blendengliederung (15. Jh.). Bemerkenswerte Ausstattungsstücke: Altaraufsatz 1698. Kanzel und Emporen Ende 17. Jh. Kronleuchter 17. Jh. – *Rathaus,* schlichter Barockbau von 1748.

M

MÄRKISCH WILMERSDORF (VI 1). *Dorfkirche,* schlichter Barockbau (Anfang 18. Jh.) mit einheitlicher Ausstattung. – *Schloß,* neugotischer Bau im Tudorstil von 1901. – Von dem ehemals berühmten *Landschaftspark* nur noch Reste erhalten.

MALTERHAUSEN (V 2). *Dorfkirche* im Ortsteil Lindow, spätromanischer Feldsteinbau mit spätgotischem Westturm und Türmchen von 1696; Altaraufsatz 1. Hälfte 18. Jh., Kanzel spätes 17. Jh., spätgotischer Taufstein.

MANKER (II 2). *Dorfkirche,* im Kern 13. Jh., 1713–1716 barock umgebaut und erweitert; reicher Kanzelaltar um 1716 vermutlich von H. J. Schulz, spätgotisches Kruzifix 15. Jh.

Markee-Markau, Dorfkirche

MARKEE (II 3). *Dorfkirche* im Ortsteil Markau, barocker Backsteinbau von 1712 mit spätgotischem Westturm; ungewöhnlich reiche Barock-Ausstattung (1757–1759) in der Art der Schlüter-Nachfolge.

MARKGRAFPIESKE (VII 1). In der *Dorfkirche* (neugotisch 1894/95) gemaltes Triptychon (auf der Mitteltafel Martyrium des hl. Sebastian) um 1530, Cranach-Schule.

MARTINSKIRCHEN (VI 3). *Schloß,* dreigeschossige barocke Dreiflügelanlage (1751–1756 vermutlich von F. A. Krubsacius), der Haupttrakt mit halbrundem Pavillon, Giebeldreieck mit Wappen, im Pavillon Festsaal mit reichen Stuckdekorationen sowie Wand- und Deckengemälden. – *Dorfkirche,* einschiffiger spätromanischer Backsteinbau (Anfang 13. Jh., 1697/99 erweitert), Chor mit flachem Tonnengewölbe, querrechteckiger Turm; Kanzelaltar 1697, Taufstein 18. Jh., Bildnisgrabsteine 16./17. Jh.

MARZAHNA (V 2). *Dorfkirche,* spätromanischer Feldsteinbau mit Fachwerk-Dachreiter von 1798; kleiner Altaraufsatz 1613, Taufstein 1609.

MARZAHNE (II 3). ***Dorfkirche,*** im Kern mittelalterlicher Feldsteinbau, im 17. und 18. Jh. umgebaut; Kanzelaltar 1772.

MASSEN (VI 3). ***Dorfkirche,*** spätromanischer Bau (13. Jh.) mit vollständig erhaltener volkskünstlerischer Barock-Ausstattung, spätgotischer Flügelaltar 2. Hälfte 15. Jh.

MELLEN (I 1). In der ***Dorfkirche*** (vermutlich 15. Jh.) spätgotischer Flügelaltar (im Schrein Maria in der Strahlenglorie) um 1480.

MELZOW (III 1). ***Dorfkirche,*** gotischer Feldsteinbau frühes 14. Jh.; reicher Kanzelaltar 1610.

MERZ (VII 1). ***Dorfkirche,*** spätmittelalterlicher Feldsteinbau mit Fachwerk-Dachturm 18. Jh.; Kanzelaltar frühes 18. Jh., Hochzeitsstuhl 1691.

MERZDORF (bei Baruth) (VI 2). ***Dorfkirche,*** spätgotischer Feldsteinbau, Ende 17. Jh. barock umgebaut und Innenausstattung, spätgotische Kreuzigungsgruppe um 1510/20.

MESEBERG (II 2). ***Schloß,*** stattlicher zweigeschossiger Barockbau von 1738/39, im Gartensaal Deckengemälde (Apotheose des Prinzen Heinrich) um 1790 von Ch. B. Rode. – ***Dorfkirche,*** im Kern Backsteinbau des frühen 16. Jh., 1772 barock umgebaut, Westturm von 1892; großes Votivgemälde 1588, Kanzelaltar 1772, Epitaphe 18. J., v. d. Gröben.

METZELTHIN (bei Kyritz) (III 1). ***Dorfkirche,*** spätromanischer Feldsteinbau Mitte 13. Jh.; Kanzelaltar 1710. – ***Herrenhaus,*** stattlicher zweigeschossiger Bau von 1793, Mittelrisalit mit Freitreppe, Balkon und Attika.

MEYENBURG (I 1). ***Schloß,*** im Kern spätmittelalterlich, 1865 nach Plänen von F. Adler in den Formen der Neurenaissance zur Dreiflügelanlage umgebaut, Ostflügel erst 1914. – Der ***Landschaftspark*** (1860 durch Hofgärtner Frick aus Berlin) heute verwildert. – ***Pfarrkirche,*** im Kern spätmittelalterlich, 1749–1752 barock umgebaut, neugotischer Westturm von 1849/50.

MIERSDORF (VI 1). ***Dorfkirche,*** spätgotischer Feldsteinbau mit verbrettertem Westturm von 1710; drei spätgotische Schnitzfiguren, Orgelprospekt um 1800, Johannestaufe 18. Jh.

MILOW (bei Perleberg) (I 1). In der ***Dorfkirche*** (vermutlich 14. Jh.) spätgotischer Flügelaltar und zwei Schnitzfiguren Anfang 16. Jh.

MILOW (bei Rathenow) (I 3). ***Dorfkirche,*** Fachwerkbau von 1695 mit bemalter Holzdecke von 1702 und bemalten Emporenbrüstungen (u.a. Urväter und Könige des Alten Testaments); Altaraufsatz Ende 17. Jh., Kanzel 2. Hälfte 17. Jh., Grabdenkmäler 16.–18. Jh., v. Treskow. – ***Dorfkirche*** (ehemals reformierte Kirche des Ortes Leopoldsburg), schlichter Barockbau (1755–1770) mit Ausstattung der Entstehungszeit.

MITTENWALDE (bei Königs Wusterhausen) (VI 1). ***Pfarrkirche St. Moritz,*** dreischiffige spätgotische Backstein-Hallenkirche (14./15. Jh.) mit Sterngewölben, Sechseckpfeiler mit halbrunden Diensten, Chor mit Umgang, frühgotischer Turmunterteil mit neugotischem Oberteil von 1877/78. Bemerkenswerte Ausstattungsstücke: Spätgotischer Altar mit doppelten Flügeln (im Schrein figurenreiche Kreuzabnahme) gestiftet 1514. Schnitzfigur (hl. Papst) um 1520. Gemälde (Verspottung Christi) 1628. Chorgestühl Mitte 16. Jh. Orgelprospekt 1787. Gemalte Epitaphe 16. Jh. – ***Hospitalkirche St. Georg,*** gotischer Backsteinbau (Ende 14. Jh., 1945 beschädigt), im Osten Giebel mit Fialen und Blenden. – ***Berliner Tor,*** rechteckiges Vortor aus Backstein mit Ecktürmen und Giebel (Ende 15. Jh.), vom Haupttor der Rundturm mit Zinnen (Oberteil 1898 erneuert) erhalten. – In fast allen Straßen mehrere ein- oder zweigeschossige ***Bürgerhäuser*** (18. und frühes 19. Jh.).

Mittenwalde, Berliner Tor

Mühlberg, Klosterkirche

MIXDORF (VII 1). *Dorfkirche,* schlichter Barockbau (1719/20) mit Fachwerk-Dachturm; Kanzelaltar 1725, Marmorepitaph 1743.

MÖBISKRUGE (VII 1). *Dorfkirche,* gotischer Feldsteinbau (1. Hälfte 14. Jh.) mit zwei Turmhelmen (18. Jh.), an den Emporen Brüstungsgemälde (18. Jh.); Altaraufsatz um 1580.

MÖGELIN (II 3). *Dorfkirche,* spätklassizistischer Bau von 1844 mit Westturm (um 1900).

MÖRZ (V 1). *Dorfkirche,* spätromanischer Feldsteinbau 1. Hälfte 13. Jh., nach 1700 erweitert; Altaraufsatz und Kanzel um 1700, Epitaphe und Grabsteine 18. Jh.

MÖTHLOW (II 3). *Dorfkirche,* Fachwerkbau von 1684, 1906 gotisierend umgebaut; reicher Altaraufsatz 1600, Kanzel um 1600, Grabstein nach 1595.

MOTZEN (VI 1). *Dorfkirche,* stattlicher Barockbau von 1755 mit schlichter Ausstattung.

MÜHLBERG (VI 3). Urspr. Schutzburg gegen die Slawen an der Stelle des heutigen Schlosses, vor 1228 Gründung des Zisterzienser-Klosters Güldenstern, Entstehung der Altstadt aus der

Ansiedlung von Fischern und Schiffern um Burg und Kloster, erst 1346 Vereinigung der durch Doppelgraben und Wall getrennten Alt- und Neustadt zu einer Stadtgemeinde. – *Schloß,* urspr. gotische Wasserburg, 1535 abgebrannt, nach 1545 in veränderten Formen wiederaufgebaut, zweigeschossige Vierflügelanlage über hohem Kellergeschoß, schlichte Giebel, in der Nordostecke Treppenturm, in der Kapelle neugotischer Altar mit spätgotischen Schnitzfiguren (15. Jh.). – *Klosterkirche* des ehemaligen Zisterzienser-Nonnenklosters Güldenstern, einschiffiger Backsteinbau (urspr. nach 1228, in der 2. Hälfte 13. Jh. frühgotischer Umbau der Ostteile, zwischen 1330 und 1350 Umbau des Langhauses, 1539 und 1643 durch Brand beschädigt, 1906 erneuert) mit Kreuzrippengewölben, Querschiff mit ausgeschiedener Vierung, langgestreckter Chor, spätgotische Westfassade, Dachreiter. Bemerkenswerte Ausstattungsstücke: Renaissance-Flügelaltar (im Mittelfeld Abendmahl) 1569 von H. Göding d. Ä. aus Dresden. Kanzel 1621. Zwei spätgotische Triumphkreuzgruppen um 1520. Grabdenkmäler 14.–18. Jh. – Von den *Klostergebäuden* Ostflügel der Klausur abgebrochen, Nordflügel mehrmals umgebaut und profaniert, Westflügel mit Äbtissinnenwohnung 1717 zum Herrenhaus umgestaltet, im Erdgeschoß Zellengewölbe, im Giebel spätgotisches Maßwerk. – Westlich der Kirche *Neue Propstei,* spätgotischer Hauptflügel (um 1530) mit reichem Maßwerk-Staffelgiebel, Anbauten (nach 1554) mit Frührenaissance-Giebeln, sowie das ehemalige Hospiz (vermutlich 15. Jh. mit späteren zusätzlichen Bauten), an der Nordecke Treppenturm. – *Heimatmuseum* (Museumsstr. 9), sakrale Plastik 16. Jh., ur- und frühgeschichtliche Funde, bürgerlicher und bäuerlicher Hausrat. – *Rathaus,* Renaissancebau (1543 mit Benutzung älterer Teile), im Ostgiebel spätgotisches Maßwerk, Westgiebel 17. Jh. – In der spätgotischen *Neustädter Kirche* (nach 1487, nach Brand 1535 wiederaufgebaut) bemerkenswert: Spätgotischer Flügelaltar (im Schrein Anbetung des Kindes) um 1525 in Renaissancerahmen von 1578. Grabsteine 16.–18. Jh. – In der *Friedhofskapelle* (1590) Renaissance-Altar (im Mittelfeld Kreuzigung, in der Predella Sündenfall) von 1614, Kanzel um 1600.

MÜLLROSE (VII 1). *Pfarrkirche,* stattlicher Barockbau von 1746 mit Benutzung von Teilen eines mittelalterlichen Vorgängerbaus; Kanzelaltar um 1770, Orgelprospekt 1772, Altarkruzifix Mitte 18. Jh. – Von den *Wohnhäusern* bemerkenswert: Karl-Marx-Str. 18 (1774) und Beeskower Str. 2 (um 1800).

MÜNCHEBERG (IV 3). Von der *Stadtbefestigung* erhalten: Küstriner Torturm, spätgotischer Backsteinbau mit Zinnenkranz. Berliner Torturm, spätgotischer Backsteinbau mit Blendengiebel und Fialen, dazu fast die gesamte Stadtmauer. – *Pfarrkirche,* zweischiffiger gotischer Bau (im Kern 13. Jh., im 15. Jh. spätgotisch umgebaut, seit 1945 Ruine) mit neugotischem Westturm (1826–1829 von Schinkel).

Müncheberg, Küstriner Torturm

MÜROW (IV 2). ***Dorfkirche,*** stattlicher frühgotischer Feldsteinbau (2. Hälfte 13. Jh.) mit querrechteckigem Westturm; reicher Altaraufsatz 1728, reiche Kanzel 1612, Kindergrabstein nach 1585. – ***Herrenhaus,*** schlichter zweigeschossiger Fachwerkbau 18. Jh., die Front im 19. Jh. mit Backsteinen verputzt.

N

NASSENHEIDE (III 2). ***Dorfkirche,*** schlichter Barockbau von 1749 mit Westturm von 1776; Kanzelaltar Mitte 18. Jh.

NAUEN (II 3). ***Pfarrkirche St. Jakobi,*** dreischiffige spätgotische Backstein-Hallenkirche (15. Jh., nach Brand 1695 wiederhergestellt, 1873/74 umgebaut) mit Kreuzrippengewölben, Chor mit Umgang, querrechteckiger Westturm; reicher Altaraufsatz 1708, reicher Marmortaufstein 1724. – ***Katholische Kirche,*** neuromanischer Backsteinbau von 1905/06. – ***Goethe-Oberschule*** (Parkstr. 7), 1913–1915 von M. Taut. – Nordöstlich der Stadt ehemalige ***Großfunkstation,*** 1917–1919 von H. Muthesius.

NEBELIN (I 2). ***Dorfkirche,*** frühgotischer Feldsteinbau (13. Jh.) mit bemalter Decke und Emporen (18. Jh.); Kanzelaltar 18. Jh., Patronatsstuhl 1683.

NENNHAUSEN (II 3). ***Schloß,*** urspr. zweigeschossige barocke Dreiflügelanlage von 1737, 1860 nach Plänen von F. H. L. v. Arnim im Stil der Tudorgotik erneuert, von der barocken Ausstattung u. a. drei Kaminaufsätze erhalten. – Weiträumiger ***Landschaftspark*** aus dem frühen 19. Jh. – ***Dorfkirche,*** kleiner spätgotischer Feldsteinbau mit Westturm von 1783; zahlreiche Grabdenkmäler 16.–19. Jh., besonders bemerkenswert: Epitaph für G. v. Lochow nach 1612 von Ch. Dehne aus Magdeburg und Grabmal des v. Rochow nach 1854 von F. Adler.

NETZEBAND (II 2). ***Dorfkirche,*** schlichter klassizistischer Bau von 1834 mit einfacher Ausstattung.

NETZEN (V 1). ***Dorfkirche,*** im Kern gotischer Backsteinbau um 1400, Langhaus im frühen 18. Jh. nach Osten verlängert; schlichte Barock-Ausstattung.

NEUENDORF (bei Brück) (V 1). ***Dorfkirche,*** im Kern mittelalterlich, 1838 umgebaut und erweitert; einheitliche Ausstattung von 1838.

NEUENDORF (bei Niemegk) (V 1). ***Dorfkirche,*** spätromanischer Feldsteinbau u. Reste von Wandmalereien des späten 16. Jh.; Altaraufsatz um 1715, Kanzel Ende 17. Jh., gotischer Taufstein.

NEUENHAGEN (bei Bad Freienwalde) (IV 2). ***Herrenhaus*** (Rat der Gemeinde), zweigeschossiger Renaissancebau (Ende 16. Jh.) vom Typ des Festen Hauses, im Erdgeschoß Stichkappen-Tonnengewölbe, in der ehemaligen Kapelle einige Stuckreliefs.

Neuhardenberg, Schloß

NEUENHAGEN (bei Strausberg) (III 3). *Rathaus,* Klinkerbau von 1925/26 nach Entwurfen von W. Wagner. – *Dorfkirche,* im Kern mittelalterlich, 1898 umgebaut und erweitert.

NEUENTEMPEL (IV 3). *Dorfkirche* (Gründung des Templerordens), romanischer Feldsteinbau 13. Jh., im 18. Jh. verändert, nach Kriegsschäden um 1950 wiederhergestellt.

NEUHARDENBERG (IV 3). *Schloß* (Oberschule), im Kern barocke Dreiflügelanlage (um 1763), 1820–1823 von K. F. Schinkel umgebaut und erweitert, Mittelrisalit mit Giebeldreieck. – *Wirtschaftsgebäude* am Vorplatz des Schlosses, nach 1801 (Großbrand) von K. F. Schinkel. – Großer *Landschaftspark,* 1821 nach einem Plan von P. J. Lenné unter Mitwirkung des Fürsten Pückler-Muskau, darin Denkmal Friedrichs II. (Mars und Minerva) 1792 nach Entwurf von J. W. Meil. – *Dorfkirche,* klassizistische Saalkirche (1814–1817 von Schinkel) mit Emporen, im Osten Apsis, quadratischer Turmunterbau, elliptisches Obergeschoß mit Kegeldach; reiche Ausstattung der Entstehungszeit. – Vor der Ostseite der Kirche *Mausoleum* des Fürsten Hardenberg (gest. 1822) in Form einer dorischen Säulenhalle nach Entwurf Schinkels.

NEUHAUSEN (bei Perleberg) (I 1). *Schloß,* stattlicher zweigeschossiger Barockbau von 1738 mit Benutzung von Teilen aus dem 15. und 16. Jh., neben der Durchfahrt des Torhauses *Kapelle* mit figürlichen und Groteskmalereien (nach 1550). – *Dorfkirche,* kleiner spätgotischer Backsteinbau 2. Hälfte 15. Jh.; Kanzelaltar und Taufe 17. Jh., Epitaph nach 1569, v. Rohr.

NEUHEIM (V 2). ***Dorfkirche,*** spätromanischer Feldsteinbau mit Dachtürmchen; zwei Grabplatten 17. und 18. Jh.

NEUHOF (VI 1). ***Dorfkirche,*** spätgotischer Feldsteinbau mit Dachreiter (19. Jh.); Kanzelaltar um 1700.

NEUHOLLAND (III 2). ***Streusiedlung,*** seit 1659 von klevisch-holländischen Einwanderern angelegt, Wohnhäuser meist aus Lehmfachwerk, u. a. Vorlaubenhaus (Hauptstr. 33) von 1717. – ***Dorfkirche,*** schlichter Barockbau von 1710, nach Kriegsbeschädigung 1955/56 vereinfacht wiederhergestellt.

NEUKÜSTRINCHEN (IV 2). ***Dorfkirche,*** neuromanischer Backsteinbau 1878–1880.

NEULIETZEGÖRICKE (IV 2). ***Dorfkirche,*** spätklassizistischer Saalbau von 1840/42 mit schlichter Ausstattung.

NEURUPPIN (II 2). Gegründet vor 1238 von den Herren von Ruppin als wirtschaftlicher Mittelpunkt ihres neuen Landes, auf den drei Landseiten dreifacher Wall (teilweise in Grünanlage umgewandelt). Nach dem Stadtbrand 1787 (Zerstörung von 386 Bürgerhäusern und 24 öffentlichen Gebäuden) planmäßiger

Neuruppin, Tempelgarten

Neuruppin, Siechenhauskapelle, Terrakotten am Südportal

Wiederaufbau (bis 1806) unter Leitung von B. M. Brasch, Stadterweiterung nach Südwesten, Regulierung und Verbreiterung der Straßen, regelmäßiges Straßengitternetz, an der Hauptstraße drei große Plätze, einheitliche Randbebauung unter Verwendung von Typengrundrissen, fast unversehrt erhalten am Ost- und Südrand des Kirchplatzes, am Ernst-Thälmann-Platz und in der Straße Am Gericht. Die von Brasch entworfenen ***Bürgerhäuser*** fast ausnahmslos zweigeschossig mit bescheidenem Dekor in der Art des norddeutschen Zopfklassizismus, reichere Beispiele: August-Bebel-Str. 14/15 (Heimatmuseum), Rudolf-Breitscheid-Str. 16, Friedrich-Engels-Str. 22. – ***Heimatmuseum,*** u. a. Schinkel-Gedenkraum, Fontane-Gedenkraum, Neuruppiner Bilderbögen. – ***Kulturhaus*** (früheres Gymnasium), zweigeschossiger frühklassizistischer Bau (1790 von Brasch), Mittelrisalit mit Giebeldreieck, offenes Türmchen mit Haube. – ***Tempelgarten,*** in den Grundzügen erhaltene barocke Anlage, darin Rundtempel (1735 von Knobelsdorff), mehrere Statuen (18. Jh., aus Dresden) und Gebäude im »maurischen« Stil (um 1855 von Diebitsch). – ***Denkmäler:*** Karl Friedrich Schinkel (geb. 1781 in Neuruppin) 1883 von M. Wiese. Theodor Fontane (geb. 1819 in Neuruppin) 1907 von Wiese. Karl-Marx-Büste von F. Cremer. – ***Pfarrkirche St. Marien,*** klassizistische Saalkirche (1801–1804 von Berson), in der

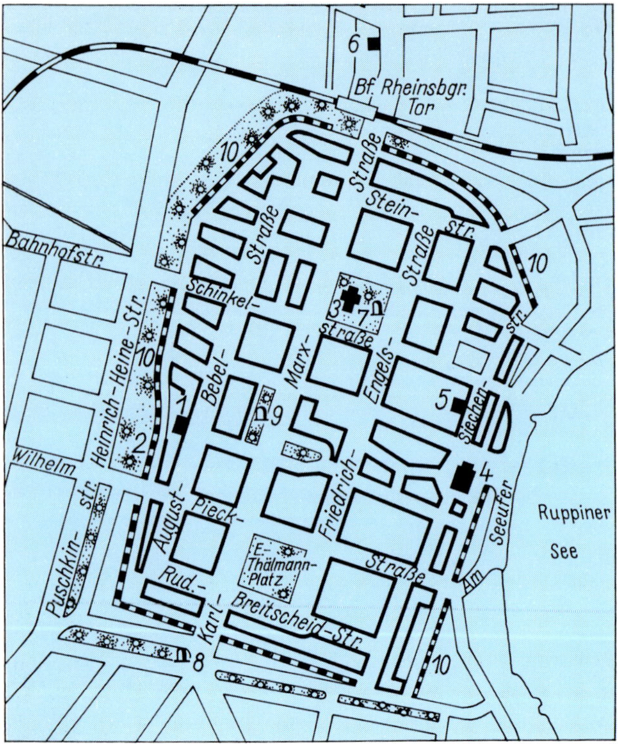

Neuruppin
1 Heimatmuseum, 2 Tempelgarten, 3 Pfarrkirche St. Marien, 4 Klosterkirche, 5 Siechenhauskapelle, 6 Kapelle St. Georg, 7 Karl-Friedrich-Schinkel-Denkmal, 8 Theodor-Fontane-Denkmal, 9 Büste von Karl Marx, 10 Stadtmauer

Mitte der Vorderseite halbrunder Vorbau mit Kuppel und Laterne; schlichte Ausstattung der Entstehungszeit. – ***Klosterkirche*** des ehemaligen Dominikaner-Klosters (gegründet 1246), dreischiffige frühgotische Backstein-Hallenkirche (um 1300) mit Kreuzrippengewölben und langgestrecktem Chor, Türme von 1906/07. Bemerkenswerte Ausstattungsstücke: Statue des Pater Wichmann um 1380. Vier gotische Sandsteinreliefs (Lebensgeschichte Christi) 14. Jh. in neugotischem Altaraufbau. Vesperbild Anfang 15. Jh. Maria und Johannes Ende 15. Jh. – ***Siechenhauskapelle,*** einschiffiger spätgotischer Backsteinbau (1491) mit Netzgewölbe, am Gewände des Südportals Tonplatten (Christus an der Martersäule, hl. Franziskus); Kanzelaltar 1715, spätgotisches Kruzifix Ende 15. Jh. – ***Kapelle St. Georg,*** einschiffiger gotischer Backsteinbau (1. Hälfte 14. Jh.) mit barocker Stuckdecke; spätgotischer Flügelaltar (im Schrein Marienkrönung) Anfang 16. Jh.

NEUSTADT/DOSSE (II 2). *Verwaltungsgebäude des Tierzuchtbetriebes* (früher Friedrich-Wilhelm-Gestüt), Spätbarockbau (1787–1790 von Bauinspektor Glasewald) mit zweigeschossigem Mitteltrakt und eingeschossigen Seitentrakten; kleiner Hauspark. – *Verwaltungsgebäude des Hengstdepots* (früher Gestüt Lindenau), zweigeschossiger Spätbarockbau (1789–1791) von 29 Achsen Breite. – *Pfarrkirche,* barocker Zentralbau (1673–1696) in Form eines griechischen Kreuzes mit Kuppeldach, geschweifter Haube und Laterne; schlichte Ausstattung der Entstehungszeit, Altar, Emporenkanzel und Orgel übereinander angeordnet.

NEUTREBBIN (IV 3). *Dorfkirche,* neugotischer Bau von 1817.

NEUZELLE (VII 1). *Klosterkirche* des ehemaligen Zisterzienser-Klosters, gegründet 1268, dreischiffige Hallenkirche, im Kern go-

Neuzelle, Klosterkirche

tisch (geweiht vermutlich 1310, 1429 ausgebrannt, nach 1434 wiederaufgebaut), 1654–1658 unter Mitwirkung italienischer Meister spätmanieristisch um- und ausgestaltet und dann seit Anfang 18. Jh. bis 1711 (Schlußweihe) durch böhmische und Wessobrunner Meister barock umgebaut und erweitert; Dekken- und Wandgemälde (Szenen aus dem Alten und Neuen Testament) 1654–1658 von dem Italiener J. Vanetti, Malereien u. a. im Chor, in der Josephskapelle, der Vorhalle und an der unteren Fensterzone der Seitenschiffe um 1725/1740 von G. W. Neunhertz; der Hochaltar 1740/41 von J. W. Hennevogel, ihm zugeschrieben sechs Nebenaltäre, Altargemälde aus der Schule des M. Willmann; Taufaltar 1730 von J. Wentzl Löw; vor der Westseite des Langhauses breite Vorhalle, vor der Südseite der Kuppelbau der Josephskapelle, Westturm mit geschweifter Haube und Laterne, Vorhalle mit geschwungener Fassade und Prunkportal; ungewöhnlich reiche Barockausstattung von hohem künstlerischem Wert. – ***Klostergebäude:*** An der Nordseite Kreuzgang (2. Hälfte 15. Jh.), in seinem Nordflügel Refektorium und Kapitelsaal mit Netzgewölben. Vor dem Nordflügel Brunnenhaus. Außerhalb der Klausur: Portal zum Klosterbezirk (1736), an der

Neuzelle, Pfarrkirche zum Hl. Kreuz

West- und Nordseite des Vorplatzes Gebäude mit toskanischen Bogenhallen. »Schiefe Kapelle« (Anfang 18. Jh.) mit spätgotischem Flügelaltar (15. Jh.) sowie Christussäule (18. Jh.), beide an der Kastanienallee vor dem Portal. – ***Pfarrkirche zum Hl. Kreuz,*** dreischiffige barocke Hallenkirche (1728–1734) mit Spiegelgewölben und Deckengemälden, über der Vierung Kuppel auf hohem Tambour, in den Kreuzarmen Emporen, Westfassade mit zwei Türmen; reiche Ausstattung der Entstehungszeit.

NIEBENDORF-HEINSDORF (VI 2). ***Dorfkirche*** im Ortsteil Niebendorf, spätromanischer Feldsteinbau (1. Hälfte 13. Jh.) mit einheitlicher Ausstattung aus dem späten 17. Jh., besonders bemerkenswert: reicher Altaraufsatz mit Gemälden.

NIEDERFINOW (III 2). ***Dorfkirche,*** Feldsteinbau (um 1520) mit Fachwerk-Dachturm von 1731; Kanzelaltar um 1731. – Im Ort mehrere eingeschossige ***Mittelflurhäuser,*** meist 18. Jh.

NIEDERGÖRSDORF (V 2). ***Dorfkirche,*** spätromanischer Feldsteinbau, im 17. Jh. nach Osten erweitert, neuromanischer Westturm von 1854; Altaraufsatz, Kanzel und Taufstein 2. Hälfte 17. Jh.

NIEDERLANDIN (IV 2). In der ***Dorfkirche*** (2. Hälfte 13. Jh.) spätgotischer Flügelaltar (im Schrein Maria mit Engeln und Heiligen) um 1480. – Von dem ***Schloß*** (um 1600) runder Treppenturm aus Backstein erhalten.

NIEDERWERBIG (V 1). ***Dorfkirche,*** spätromanischer Feldsteinbau Anfang 13. Jh., an der Südwand Reste von Wandmalereien (16. Jh.); Altaraufsatz und Kanzel Ende 17. Jh.

NIEMEGK (V 1). ***Rathaus,*** zweigeschossiger Renaissancebau (1570), an der Vorderfront Volutengiebel, Rundbogenportal. – ***Pfarrkirche St. Johannis*** (1853 von F. A. Stüler), neugotischer Backsteinbau mit polygonaler Apsis und Westturm. – ***Postsäule*** (1710), Obelisk mit sächsischem Wappen.

NIEWISCH (VII 1). ***Dorfkirche,*** spätgotischer Feldsteinbau mit einheitlicher Barock-Ausstattung; Kruzifix 1787, volkskünstlerische Arbeit.

NIEWITZ (VI 2). ***Dorfkirche,*** schlichter Fachwerkbau von 1772.

NUDOW (VI 1). ***Dorfkirche,*** schlichter Barockbau von 1733 mit einheitlicher Ausstattung.

NUNSDORF (VI 1). ***Dorfkirche,*** barocker Saalbau von 1765 mit einheitlicher Ausstattung.

O

ODERBERG (IV 2). *Pfarrkirche,* dreischiffige neugotische Backstein-Basilika (1853–1855 nach Plänen von F. A. Stüler) mit schlichter einheitlicher Ausstattung. – *Dorfkirche* im Ortsteil Neuendorf, frühgotischer Feldsteinbau (2. Hälfte 13. Jh.) mit einheitlicher reicher Ausstattung um 1615, besonders bemerkenswert: Altaraufsatz mit Auferstehungs- und Kreuzigungsgemälde.

OPPELHAIN (VI 3). In der *Dorfkirche* spätgotischer Flügelaltar Ende 15. Jh.

ORANIENBURG (III 3). Neubau von großen Teilen der Stadt nach den Grundsätzen der barocken Stadtplanung gleichzeitig mit dem Bau des Schlosses, repräsentativ gestalteter Schloßvorplatz (Bebauung überwiegend zerstört) als Endpunkt von vier Straßen. *Schloß,* urspr. mittelalterliche Wasserburg der Askanier, 1560 Jagdschloß Joachims II., 1651 Neubau unter Leitung von J. G. Memhardt und M. M. Smids, 1688–1709 Umbau und Erweiterung unter Leitung von J. A. Nering und M. Grünberg. Zweigeschossige Dreiflügelanlage über H-förmigem Grundriß (rechter vorderer Seitenflügel 1842 abgebrannt und nicht wiederaufgebaut), an der Stadtseite des Haupttraktes dreieinhalbgeschossiger Mittelrisalit mit Pilastergliederung und Attika, auf der Attika Figuren (Jahreszeiten), an der Rückseite dreigeschossiger Mittelrisalit mit kleinem Segmentgiebel, die Flügel an der Rückseite mit pavillonartigen Kopfbauten; Porzellankabinett mit reicher Stuckdecke und Deckengemälde. – *Lustgarten* nordwestlich vom Schloß, urspr. Barockanlage, im 19. Jh. in Landschaftspark umgewandelt; Gartenportal (um 1700 von J. A. Nering) und Orangerie (nach 1754 von G. Ch. Berger). – *Waisenhaus,* zweigeschossiger frühbarocker Backsteinbau mit Werksteingliederung (gestiftet 1665, 1671 abgebrannt und sofort wiederaufgebaut, rechte Hälfte 1944 zerstört), Festons. – *Amtshauptmannshaus* (Heimatmuseum), zweigeschossiger Frühbarockbau (1657, um 1700 erneuert), an der Gartenfront dreifach hohlgeschweifter Mittelrisalit, ovaler Gartensaal. – *Heimatmuseum,* u. a. Ortsgeschichte, städtisches Handwerk 18./19. Jh. – *Denkmäler* vor dem Schloß: Kurfürstin Louise Henriette 1858 von W. Wolff. »Anklagende« von F. Cremer, Kopie nach dem Original von 1948. – *Pfarrkirche,* neuromanisch 1864–1866 von F. A. Stüler.

ORTRAND (VI 3). *Pfarrkirche,* dreischiffige spätgotische Hallenkirche mit Renaissance-Elementen (1563), auf dem Ostende des Chors Barockturm (1730). – *Friedhofskapelle,* einschiffiger, im Kern gotischer Backsteinbau (1563 erneuert), an der Nordseite

Oranienburg, Denkmal der Kurfürstin Louise Henriette im Schloßpark

Vorhalle, Dachreiter von 1721; spätgotischer Flügelaltar (im Schrein Maria und hl. Dorothea) um 1500, Epitaph 1548, v. Lüttichau.

OSCHÄTZCHEN (VI 3). In der *Dorfkirche* spätgotischer Flügelaltar Ende 15. Jh.

P

PÄWESIN (II 3). *Dorfkirche,* Barockbau 1727/28 von Heins aus Brandenburg; einheitliche Ausstattung der Entstehungszeit, Orgel 1813 von J. F. Thurley. – Im Ortsteil Bagow *Festes Haus,* zweigeschossiger Renaissancebau von 1545, im Erdgeschoß Räume mit Sterngewölben. – In der ***Dorfkirche*** (1907/08) barocker Altaraufsatz von 1698.

PAPITZ (VII 2). ***Dorfkirche,*** spätgotischer Bau 15. Jh., Turm mit Zinnenkranz Anfang 16. Jh.

PAPLITZ (VI 1). ***Dorfkirche,*** spätgotischer Feldsteinbau, im 18. Jh. barock erneuert; Altaraufsatz um 1720.

PARETZ (II 3). ***Dorfanlage,*** 1795–1803 nach Plänen von D. Gilly für König Friedrich Wilhelm III., die Wohnhäuser eingeschossige Putzbauten mit Krüppelwalmdach, heute meist stark verändert, nahezu unversehrt erhalten nur die ehemalige ***Schmiede*** (Gaststätte) und die ***Torhäuser*** am Dorfeingang. – ***Schloß,*** frühklassizistischer Bau 1796/97 nach Entwürfen von D. Gilly, nach 1945 durch Umbauten entstellt. – Der ***Schloßpark*** von 1803 nur in den Grundzügen erhalten. – ***Dorfkirche,*** im Kern mittelalterlich, 1797/98 von D. Gilly gotisierend umgebaut; Apotheose der Königin Luise 1811 von J. G. Schadow, gemaltes Triptychon 1803 von W. Wach (Mittelbild) und F. W. Schadow (Seitenbilder), in den Fenstern mehrere mittelalterliche Glasgemälde.

PASERIN (VI 2). ***Dorfkirche,*** spätgotischer Bau 15. Jh.; Altaraufsatz 1690, Kanzel 1. Hälfte 16. Jh., spätgotisches Kruzifix.

PASSOW (IV 1). In der ***Dorfkirche*** (frühgotisch um 1260/70) spätgotischer Flügelaltar Anfang 16. Jh.

PECHÜLE (V 1). ***Dorfkirche,*** spätromanischer Backsteinbau (1. Hälfte 13. Jh.) mit querrechteckigem Westturm aus Feldstein (vermutlich 14. Jh.), Langhaus um 1500 zur zweischiffigen Anlage umgebaut und eingewölbt, Reste spätgotischer Wandmalereien (u. a. hl. Christophorus); Tafelbild (sog. Böhmische Tafel) um 1380 in Anlehnung an Werke der böhmischen Buchmalerei, Flügelaltar um 1470, Kanzel Anfang 18. Jh., Chorgestühl um 1600, Orgelprospekt 1. Hälfte 18. Jh., spätgotische Schnitzfiguren.

PEITZ (VII 2). ***Festung,*** begonnen 1559, vollendet 1595, nach 1763 allmählich abgetragen. Rechteckiger Backsteinturm mit hölzerner Laterne erhalten, im Innern Magazinräume und Kasematten. – ***Rathaus,*** zweigeschossiger klassizistischer Bau (vollendet 1804) mit neugotischer Giebelfront (Mitte 19. Jh.). – ***Pfarrkirche*** (1854–1860), dreischiffige Backsteinbasilika mit Apsiden und Westturm, das Innere 1978/79 modern umgestaltet; Reliefgrabstein 1. Hälfte 17. Jh. – ***Hüttenwerk*** (Schauobjekt südöstlich der Stadt), angelegt im 16. Jh., Werk- und Wohngebäude meist 1809–1830, darunter eingeschossiges Hochofengebäude (1809/10 von K. G. Voigtmann) mit Risalit und Giebeldreieck, innen Hochofen mit dorischen Halbsäulen.

Paretz, Dorfkirche, Epitaph von J. G. Schadow

PERLEBERG (I 2). ***Rathaus,*** neugotisch (um 1850) mit mittelalterlichem Westteil (Ratskeller, Gerichtslaube, Remter und Staffelgiebel). – ***Roland*** von 1546. – Von den ***Bürgerhäusern*** besonders bemerkenswert: Markt 4 Fachwerkbau (15. Jh.) mit figürlichen Schnitzereien. Kirchplatz 9 Fachwerkbau (1606), an den Schwellen Psalmenverse. Kirchplatz 11 Renaissancebau (1584) mit Sitznischenportal, Giebel mit Pilastern und Gesimsen. – ***Pfarrkirche St. Jakob,*** dreischiffige spätgotische Hallenkirche (14./15. Jh.) mit gotischem Chor (begonnen 1361), Kreuzrippengewölbe, massige Rundpfeiler, Portale mit Glasuren und Blattschmuck, Westturm; Messing-Standleuchter, 1475 von H. Bonstede.

PESSIN (II 3). ***Dorfkirche,*** spätgotischer Backstein-Westturm (vermutlich 16. Jh.), barockes Langhaus von 1739, Backstein verputzt, an den Emporenbrüstungen Wappenmalereien von 1755,

Ende des 19. Jh. erneuert; reicher Kanzelaltar 1700 von Tischler Witte aus Brandenburg.

PETERSHAGEN (bei Gartz) (IV 1). *Dorfkirche,* turmloser frühgotischer Feldsteinbau 2. Hälfte 13. Jh.; reiche Kanzel 1606, Altaraufsatz Ende 18. Jh., gußeiserner Taufständer um 1820.

PETERSHAGEN (bei Briesen) (IV 3). In der *Dorfkirche* (13. Jh.) reicher Altaraufsatz und reiche Kanzel 1721.

PETERSHAGEN (bei Strausberg) (III 3). *Dorfkirche,* neugotischer Backsteinbau von 1910; Kanzelaltar 1718.

PETKUS (VI 2). *Dorfkirche,* spätromanischer Feldsteinbau (1. Hälfte 13. Jh.) mit neuromanischem Backstein-Westturm (2. Hälfte 19. Jh.); Kanzelaltar um 1760. Südlich des Ortes Bockwindmühle von 1835, seit 1950 Paltrockmühle.

Perleberg
1 Rathaus, 2 Roland, 3 Pfarrkirche St. Jakob, 4 Spätgotischer Fachwerkbau, 5 Renaissancehaus, 6 Heimatmuseum, 7 Verlauf der ehemaligen Stadtmauer, 8 »Wall«, 9 Haus unter Denkmalsschutz

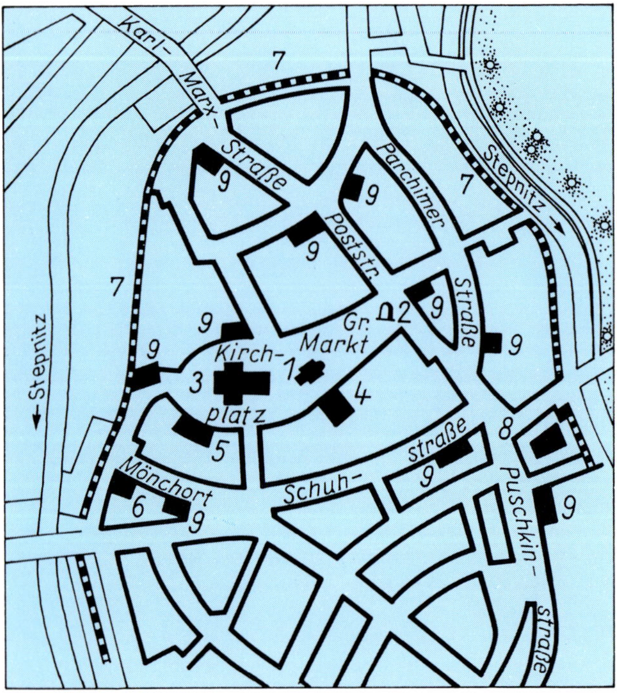

PETZOW (V 1). *Schloß* (Ferienheim), zweigeschossiger neugotischer Bau um 1825 wahrscheinlich nach Entwürfen von K. F. Schinkel. – Der kleine *Landschaftspark* um 1825 nach Plänen von P. J. Lenné. – *Dorfkirche,* einschiffiger neuromanischer Backsteinbau 1841/42 nach Entwürfen von K. F. Schinkel; schlichte Ausstattung der Entstehungszeit.

PILLGRAM (VII 1). *Giebellaubenhaus* (ehemals Dorfkrug), eingeschossiger Fachwerkbau 18. Jh. – *Dorfkirche,* mittelalterlicher Feldsteinbau, um 1745 barock umgebaut.

PINNOW (bei Angermünde) (IV 2). *Dorfkirche,* frühgotischer Feldsteinbau 2. Hälfte 13. Jh., der Ostgiebel mit Backsteinblenden und -rosetten gegliedert (15. Jh.); Altaraufsatz mit Orgel kombiniert 18. Jh., Kanzel 1. Hälfte 17. Jh.

PLATTENBURG (I 2). *Wasserburg* (Ferienheim), 1319 urkundlich genannt, unregelmäßige Vierflügelanlage, Südwest- und Nordwestflügel (sog. Bischofsbau) vermutlich 16. Jh. auf älteren Fundamenten, an der Nordseite gotischer Bau (ehemals Brau- und Backhaus) mit Kreuzrippengewölben, darüber neugotische Kapelle, im Nordosten Küchenbau aus dem 17. Jh., neugotischer Turm aus dem späten 19. Jh.; Speisesaal im Bischofsbau (vermutlich 1609), Gewölbe und Kamin mit reichem figürlichem und ornamentalem Schmuck.

PLESSOW (V 1). *Dorfkirche,* neugotischer Feldsteinbau 1866 bis 1870; Reliefepitaph nach 1660, v. Rochow.

PLÖTZIN (V 1). *Dorfkirche,* im Kern mittelalterlich, 1733 barock umgebaut mit Dachturm, bemalte Emporen von 1761; Kanzelaltar 1733, reicher Orgelprospekt Mitte 18. Jh.; Gemälde (Christus als Apotheker) 1. Hälfte 18. Jh.

POLSSEN (III 1). *Herrenhaus,* zweieinhalbgeschossiger Backsteinbau (1844–1846) mit quadratischem Turm an der nördlichen Schmalseite. – *Dorfkirche,* Feldsteinbau (um 1250) mit verbrettertem Dachturm (18. Jh.); Kanzelaltar und Patronatsloge Anfang 18. Jh.

POREP (I 1). In der *Dorfkirche* (Fachwerkbau nach 1700) spätgotischer Flügelaltar (im Schrein Anna selbdritt mit den Hll. Laurentius und Dionysius) Anfang 16. Jh.

POSTLIN (I 1). In der *Dorfkirche* (im wesentlichen 1866) spätgotischer Flügelaltar (im Schrein Maria in der Strahlenglorie) um 1500.

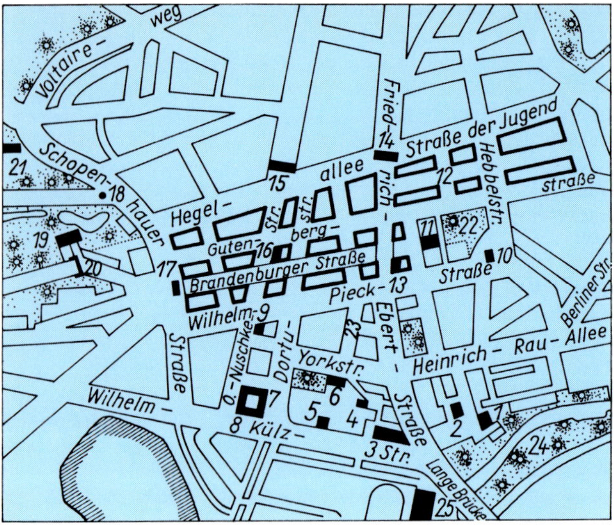

Potsdam
1 Ehemaliges Rathaus (jetzt Kulturhaus »Hans Marchwitza«), 2 Nikolaikirche und Obelisk, 3 Marstall, 4 Kutschstall, 5 Exerzierhaus, 6 Ehemalige Oberrechnungskammer, 7 Ehemaliges Militärwaisenhaus, 8 Heimatmuseum, 9 Ehemalige Hauptwache, 10 Französische Kirche, 11 Katholische Pfarrkirche St. Peter und Paul, 12 Holländisches Viertel, 13 Ehemalige Stadtschule, 14 Nauener Tor, 15 Jägertor, 16 Ehemaliges Kommandantenhaus, 17 Brandenburger Tor, 18 Obelisk, 19 Friedenskirche, 20 Grünes Gitter, 21 Bildergalerie, 22 Bassinplatz, 23 W.-Staab-Straße (Barockstraße), 24 Freundschaftsinsel, 25 Hotel »Potsdam«

POTSDAM (II 3)

Im Jahre 993 als locum Poztupimi in einer Schenkungsurkunde Kaiser Ottos III. genannt. Um 1200 Beginn der planmäßigen deutschen Besiedlung. 1317 als oppidum erwähnt, dörfliche Anlage mit verstreuten Häusern zwischen Gärten und Äckern, drei Siedlungskerne: slawische Siedlung in der Gegend der späteren Heiliggeistkirche, deutsches Dorf im Bereich des heutigen Alten Marktes, slawischer Kietz in der heutigen Kietzstraße. 1526 Schloßbau durch Kurfürst Joachim I. von Brandenburg unter Ausnutzung einer bestehenden Burganlage an einer günstigen Übergangsstelle über die Havel. 1536 und 1550 große Stadtbrände. Von 1660 bis 1682 Umbau des Schlosses zum Stadtschloß und Erweiterung der Stadt nach Westen und Norden vorwiegend durch den Baumeister G. Memhardt. Nach 1685 Ansiedlung von Hugenotten. Von 1722 bis 1742 unter Friedrich Wilhelm I. planmäßige Vergrößerung der Stadt von 43 ha auf 142 ha (11 000 Einwohner, dazu 8 000–9 000 Soldaten), regelmäßiges Straßensystem mit größtenteils schiefwinklig sich kreuzenden Straßen, einheitliche zweigeschossige Blockbebauung mit Typenhäusern, keine direkte Ausrichtung der Gesamtstadt auf die barocke Schloßanlage (1945 zerstört, Ruinen abgetragen). Bis 1786 allmählicher Ausbau der Stadt (Knobelsdorff, Boumann d. Ä., Büring, Gontard, Unger u. a.); bedeutendes Manufakturwesen (Gewebe- und Tabakwaren, Gewehrfabrik). 1838 Eisenbahnbau Berlin–Potsdam. Im 19. und frühen 20. Jh. Erweiterung der Stadt entlang der Ausfallstraßen. Im April 1945 Zerstörung wertvoller Teile der Altstadt durch Luftangriffe.

Historische Bauten um den Alten Markt

Rathaus (Kulturhaus). Zweigeschossiger Barockbau (1753 von J. Boumann d. Ä., 1945 stark beschädigt, wiederaufgebaut) mit aufgesetztem Halbgeschoß, an der Fassade korinthische Dreiviertelsäulen, turmartiger Aufsatz mit Stufenkuppel, darauf Atlas mit der Weltkugel. – ***Stadtpalais.*** Zweieinhalbgeschossiger Barockbau (1750 von G. W. v. Knobelsdorff, 1945 stark beschädigt, wiederaufgebaut) mit Giebeldreieck.

Nikolaikirche. Klassizistischer Zentralbau (1831–1837 von K. F. Schinkel, Ausführung der Kuppel 1843–1849 von L. Persius und F. A. Stüler, 1945 stark beschädigt, wiederaufgebaut), kurze Kreuzarme mit Tonnengewölben und Emporen, an der Nordseite Apsis (Altarraum), äußere Kuppel mit Säulentambour, an den Ecken je ein Glockentürmchen, an der Südseite Säulen-Vorhalle. – Vor der Nikolaikirche ***Obelisk*** (1753 nach Entwurf von Knobelsdorff).

Hotel »Potsdam«. 1966–1969. – Auf dem Freigelände hinter dem Hotel ***Bau- und Plastikteile*** des ehemaligen Stadtschlosses.

Potsdam, Nikolaikirche und Rathaus

Marstall. Langgestreckter Barockbau (1675 von J. A. Nering, 1746 von Knobelsdorff und A. Krüger umgebaut, 1945 beschädigt, restauriert als Filmmuseum), eingeschossig mit aufgesetztem Halbgeschoß, drei Risalite mit Halbsäulen, Attiken und Roßbändiger-Gruppen von F. Ch. Glume.

Bauten südlich der Wilhelm-Pieck-Straße (von Osten nach Westen)

Kutschstall (Am Neuen Markt). Zweigeschossiger frühklassizistischer Bau (1787–1791 von A. L. Krüger d. J.), Mittelrisalit mit Säulen und Attika, auf der Attika Wagengruppe.

Von dem ehemaligen ***Exerzierhaus*** nur noch der barocke Kopfbau (1781 von G. Ch. Unger) erhalten, Obergeschoß mit toskanischen Säulen, Giebel und Attika. Einbeziehung in das ***Rechenzentrum*** an der Wilhelm-Külz-Straße.

Ehemalige ***Oberrechnungskammer*** (Am Kanal). Dreigeschossiger Barockbau (1776 von K. v. Gontard), Mittelrisalit mit frei stehenden Säulen, Gebälk und Giebeldreieck.

Ehemaliges ***Militärwaisenhaus***. Ausgedehnte barocke Vierflügelanlage (1771–1777 von K. v. Gontard) mit Einbeziehung älterer Bauten, an der Westseite (Nuschkestraße) mächtiger Mittelrisalit mit Giebeldreieck und Attika, darüber urspr. von korinthischen Säulen getragene offene Kuppel mit Caritas-Figur (1945 eingestürzt), großes Treppenhaus, die Treppe um einen runden Schacht gelegt.

Heimatmuseum (Wilhelm-Külz-Straße 10/11). Ehemaliges Ständehaus der Zauche (1770 von Unger), u. a. Geschichte Potsdams unter besonderer Berücksichtigung humanistischer Traditionen der Stadt, Kunstgewerbe, Werke bildender Künstler Potsdams.

Ehemalige ***Hauptwache*** (Ecke W.-Pieck- und Nuschkestraße). Zweigeschossiger frühklassizistischer Bau (1795–1797 von A. L. Krüger d. J.), vor den Hauptfronten Bogenhallen mit toskanischen Doppelsäulen.

Dampfmaschinenhaus an der Havel. 1841/42 nach Entwürfen von L. Persius im Stil des romantischen Eklektizismus (Moschee mit Minarett).

Bürgerhäuser. Besonders bemerkenswerte Beispiele einer geschlossenen spätbarocken Straßenbebauung in der Wilhelm-Staab-Straße (um 1780 unter Mitwirkung von K. v. Gontard), Am Kanal (hier auch Beispiele aus der Zeit des Frühklassizismus) und am Westende der Wilhelm-Pieck-Straße (teilweise 1783). Besonders bemerkenswerte Einzelbeispiele: Ehemaliges Predigerwitwenhaus (Südseite der Wilhelm-Külz-Straße) um 1674, verändert 1827. Haus an der Südseite der Bauhofstraße 1752 nach Entwurf von Knobelsdorff.

Bauten nördlich der Wilhelm-Pieck-Straße (von Osten nach Westen)

Französische Kirche (Bassinplatz). Barocker Zentralbau (1751/52 von J. Boumann d. Ä. nach Entwurf von Knobelsdorff) über elliptischem Grundriß mit Flachkuppel und Säulenvorhalle, an der

Potsdam, Marstall

Vorderfront zwei Statuen (Liebe, Hoffnung) und Relief von F. Ch. Glume.

Katholische Pfarrkirche St. Peter und Paul (Bassinplatz). Spätklassizistischer Zentralbau (1867–1870 von W. Salzenberg) in Form eines griechischen Kreuzes, an der Nordseite Glockenturm nach dem Vorbild des Campanile von San Zeno in Verona; Altargemälde (Christus am Ölberg) 1728 von A. Pesne.

Holländisches Viertel (nördlich des Bassinplatzes). 1737–1742 von J. Boumann d. Ä., einheitliche Bebauung mit Backsteinhäusern im Wechsel von Giebel- und Traufenhaus. – An der Westseite des Bassinplatzes reichere Backstein-Giebelhäuser mit Stuckzierat (1776–1785).

Ehemalige *Stadtschule* (Friedrich-Ebert-Str.). Zweigeschossiger Barockbau (1736/37 vermutlich von P. v. Gayette) mit Pilastergliederung, Mittelrisalit mit Balkon und Attika.

Nauener Tor (Friedrich-Ebert-Str.). Neugotischer Bau 1755 von J. G. Büring.

Jägertor (Hegelallee). 1733, über der Durchfahrt Jagdgruppe.

Ehemaliges *Kommandantenhaus* (Nuschkestr.). Zweigeschossiger Barockbau (1737 von Ph. Gerlach, 1852–1854 erweitert), Mittelrisalit mit Balkon und Segmentgiebel.

Brandenburger Tor (Platz der Nationen). Barockbau (1770 von G. Ch. Unger), Nachbildung eines römischen Triumphbogens.

Bürgerhäuser. Besonders bemerkenswerte Beispiele einer geschlossenen Straßenbebauung an der Nordseite der Gutenbergstraße (zweigeschossige Traufenhäuser mit Giebelstuben 1733–1737 von Gayette und Berger) und in der Hermann-Elflein-Straße (um 1775).

Brandenburger Straße. 1975–1978 komplex restauriert (93 Häuser erneuert) und Ausbau zur Hauptgeschäftsstraße Potsdams, Fußgängerboulevard.

Bauten und Anlagen im Park von Sanssouci

Der Park von Sanssouci mit seinen Bauten ist das Werk von vier Generationen. In den Jahren 1744 bis 1756 entstanden jene Anlagen, welche heute den östlichen Teil des Parkes bilden. Von 1763 bis 1772 wurde der westliche Teil mit dem Neuen Palais geschaffen. 1826 begannen die Arbeiten an den gärtnerischen Anlagen um das Schloß Charlottenhof im Südwesten des Parkkomplexes. Die letzte Generation (nach 1844) schuf die Anlagen um die Orangerie und die Friedenskirche.

Schloß Sanssouci. Grundsteinlegung am 14. April 1745, im Mai 1747 Vollendung des östlichen Teils, Ende 1748 Fertigstellung der übrigen Teile, 1753 Abschluß der Arbeiten im Innern, 1841/42 Verlängerung und Erhöhung der Flügelgebäude. Eingeschossiger Rokokobau, in der Mitte der Gartenfront elliptischer Kuppelbau und an ihren Enden je ein Rundzimmer. An der Gartenfront 36 Karyatiden (von F. Ch. Glume), an der Rückseite Mittelrisalit mit korinthischen Doppelsäulen und Attika, zwischen den Fenstern Doppelpilaster, vor der Rückseite halbkreisförmige, in der Mitte offene Kolonnade aus korinthischen Doppelsäulen. Von den Innenräumen besonders bemerkenswert: Kuppelsaal auf ovalem Grundriß, korinthische Doppelsäulen, Kuppel mit goldenen Dekorationen, allegorische Gruppen von G. F. Ebenhech, in den Wandnischen Apollo und Venus Urania von F. G. Adam. Kleine Galerie, Dekorationen von J. Ch. Hoppenhaupt. Konzertzimmer, Dekorationen von J. M. Hoppenhaupt, Wandgemälde (Szenen aus den Metamorphosen des Ovid) von A. Pesne. Arbeits- und Schlafzimmer 1786/87 von F. W. v. Erdmansdorff. Bibliothek, Dekorationen von J. A. Nahl, vier antike Büsten (u. a. Homer und Sokrates). Voltairezimmer, Dekorationen 1753 von J. Ch. Hoppenhaupt. – ***Park Sanssouci,*** Rokokogarten nach Entwürfen von Knobelsdorff (im 19. Jh. in einigen Teilen verändert), Hauptallee im Unterschied zur Gartenordnung des Barocks seitlich am Schloß vorbeigeführt, rasche Abfolge der Rondells (von Osten nach Westen): Halbrondell vor der Neptungrotte, Rondell vor der Bildergalerie (Büsten oranischer Fürsten), großes Rondell am Fuße der Terrassenanlage vor dem Schloß (Gruppen von L. S. und F. G. Adam, am Fuße der Treppe »Venus« und »Merkur«, Kopien nach J.-B. Pigalle), Rondell vor den Neuen Kammern, Musenrondell (Statuen von F. Ch. Glume), Entführungsrondell (Gruppen von G. F. Ebenhech). Nördlich vom Schloß Sanssouci Ruinenberg, künstliche Ruinen nach Entwürfen von Bellavite, im 19. Jh. ergänzt. – ***Bauten im Park*** (von Osten nach Westen): Obelisk vor dem Hauptportal 1748 von Knobelsdorff. Hauptportal 1747 von Knobelsdorff in Anlehnung an das Gartenportal in Rheinsberg, Statuen (Flora, Pomona, Nymphen) von F. Ch. Glume. Neptungrotte 1751–1761

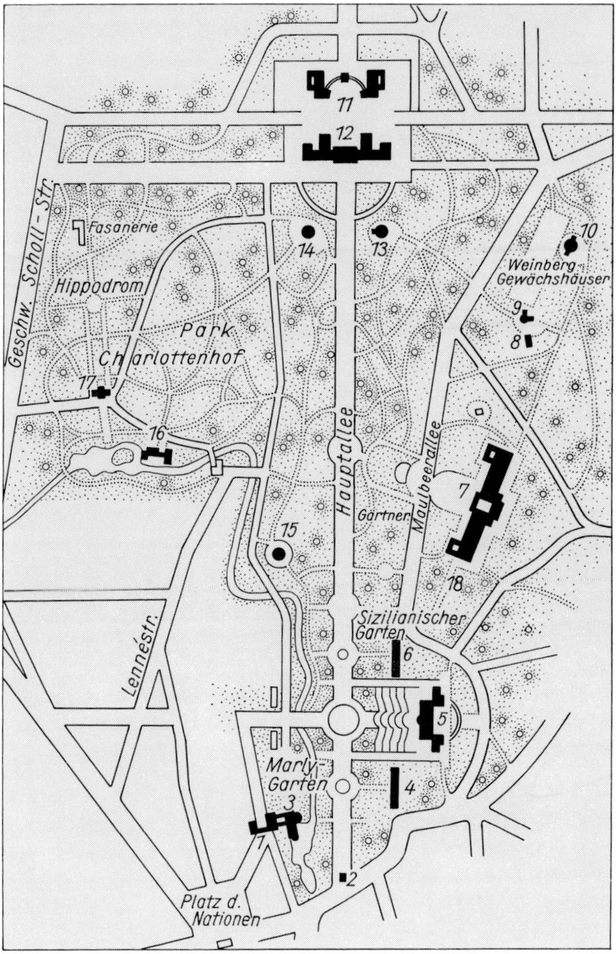

Park von Sanssouci
1 Grünes Gitter, 2 Obelisk, 3 Friedenskirche, 4 Bildergalerie, 5 Schloß Sanssouci, 6 Neue Kammern, 7 Orangerie, 8 Naturbühne, 9 Drachenhaus, 10 Belvedere, 11 Communs, 12 Neues Palais, 13 Antikentempel, 14 Freundschaftstempel, 15 Chinesisches Teehaus, 16 Römische Bäder, 17 Schloß Charlottenhof, 18 Nordischer Garten

nach Entwurf von Knobelsdorff, Neptungruppe von J. P. Benckert, Nymphen von Ebenhech. Bildergalerie 1755–1762 von J. G. Büring, segmentförmiger Mittelrisalit, Kuppel mit Laterne, im Innern Muldengewölbe mit vergoldeten Dekorationen, plastischer Schmuck von Benckert, Heymüller und Jenner,

Gemäldesammlung vorwiegend 17. Jh. (u. a. Rubens, van Dyck, Tintoretto, Caravaggio, Reni). Neue Kammern (Museum des Potsdamer Rokokos, u. a. Gemälde von Knobelsdorff) 1747 als Orangerie, umgebaut 1771–1774 von G. Ch. Unger, Kuppel mit Laterne, vor der Front Marmorstatuen. Chinesisches Teehaus 1754–1756 von J. G. Büring, plastischer Schmuck (vergoldete Gruppen und Einzelfiguren) von Benckert und Heymüller, Ausstellung von chinesischem Porzellan. Am Ende der Allee vom Grünen Gitter rechts ein Gärtnerwohnhaus (Gartendirektion) 1752 vermutlich nach Entwurf von Knobelsdorff, links das Lordmarschallhaus 1764–1766.

Neues Palais. Zweieinhalbgeschossige spätbarocke Dreiflügelanlage (1763–1769 unter Leitung von J. G. Büring, L. Manger und K. v. Gontard) von ca. 250 m Länge in Backsteinbauweise mit Sandsteingliederung, korinthischer Pilastergliederung und kupfergedeckter Kuppel auf hohem Tambour. Vor den Fassaden und auf der Attika 428 Statuen, am Nord- und Südende je ein eingeschossiger Anbau. Von den Innenräumen besonders bemerkenswert: Marmorsaal, Nachbildung des Marmorsaales im

Potsdam-Sanssouci, Große Bildergalerie

Potsdam-Sanssouci, Chinesisches Teehaus

ehemaligen Potsdamer Stadtschloß, Gemälde von Pesne, van Loo und Restout, 16 Statuen hohenzollernscher Kurfürsten um 1680 von dem Holländer B. Eggers. Marmorgalerie im Erdgeschoß, Dekorationen von Calame und Pedrozzi. Obere Galerie, Dekorationen von J. Ch. Hoppenhaupt. Theater, Nachbildung des Knobelsdorffschen Theaters im ehemaligen Potsdamer Stadtschloß, Dekorationen von J. Ch. Hoppenhaupt. Im südlichen Anbau Kleines Speisezimmer und Schlafzimmer, Dekorationen von J.Ch. Hoppenhaupt. – Dem Neuen Palais gegenüber die *Communs* (Name abgeleitet vom frz. pour les communs = für die Dienerschaft), zwei dreigeschossige barocke Backsteinbauten mit Sandsteingliederung (1765–1769 von K.v. Gontard mit Benutzung eines Entwurfes von J. Legeay), an den Vorderseiten Säulenvorhallen und geschwungene Freitreppen, Kuppel auf hohem Tambour (südliche Kuppel 1945 zerstört), zwischen den Bauten korinthische Kolonnade mit Triumphbogen, zu seiten der beiden Gebäude Kastellanwohnungen (1769 von Gontard). – *Park,* entstanden in Fortsetzung der Hauptallee durch den Rehgarten bis zum Neuen Palais, dort Ausweitung zu einem großen Halbrondell, der Eichenwald des Rehgartens nach den Worten des Bauherrn nur »durch die Kunst etwas gelüftet und geordnet«, um 1770 Einbeziehung des Geländes süd-

lich des Drachenberges. – ***Bauten im Park:*** Antikentempel (1768/69 von Gontard), kleiner Rundbau mit flacher Kuppel und Laterne. Freundschaftstempel (1768–1770 von Gontard), offener Rundbau mit flacher Kuppel, im Innern Statue der Markgräfin Wilhelmine v. Bayreuth (Werk der Brüder Räntz). Belvedere auf dem Drachenberg (1770–1772 von Unger, 1945 ausgebrannt). Drachenhaus (1770–1772 von Gontard nach dem Vorbild der Pagode in Kew Garden), jetzt Gaststätte.
Schloß Charlottenhof. Eingeschossiger klassizistischer Bau (1826–1829 nach Entwurf von K. F. Schinkel) auf hohem Sockelgeschoß, an der Vorderseite Mittelrisalit mit Giebeldreieck, an der Rückseite dorischer Portikus, davor Hausgarten mit Brunnen, Pergola und Rundbank. Innenräume mit gediegener klassizistischer Ausstattung; besonders bemerkenswert: Treppenhaus mit Brunnen. Speisesaal, in den Wandnischen Marmorstatuen (David, Ganymed), kolorierte Kupferstiche. Arbeitszimmer der Kronprinzessin, Kopien nach pompejanischen Wandgemälden. Arbeits- und Schlafzimmer Alexander v. Humboldts, letzteres in Form eines Zeltes. Zahlreiche Gemälde (u. a. von Fried-

Potsdam-Sanssouci, Neues Palais

Potsdam-Sanssouci, Orangerie

rich, Carus und Blechen). – *Park Charlottenhof,* weiträumiger Landschaftspark (entworfen 1825 von P. J. Lenné, in einigen Teilen von Schinkel korrigiert, Ausführung seit 1826), in der Achse des Schlosses regelmäßige Anlagen (Dichterhain, Rosengarten), westlich des Schlosses sog. Hippodrom, künstlicher See mit Insel. – *Bauten im Park:* Römische Bäder (1828–1844 von Schinkel und L. Persius), locker zusammengefügt aus Italienischer Villa, Gärtnergehilfenhaus, kleinem Tempel (gemalte Tapeten aus dem ehemaligen Herrenhaus zu Paretz um 1790) und Römischem Bad (u. a. Atrium mit Impluvium, Calidarium, Frigidarium, Sammlung zeitgenössischer Porträts). Fasanerie 1842–1844 von L. Persius in Anlehnung an italienische Villen.

Orangerie (Archiv). Langgestrecktes Gewächshaus mit kurzen Flügelbauten (1851–1860 nach Entwürfen von L. Persius ausgeführt von F. A. Stüler in starker Anlehnung an italienische Renaissancepaläste), Mittelbau mit Türmen und Säulengalerie, vor der Front Plastiken von Schülern Rauchs, Raffaelsaal mit 47 Kopien nach Gemälden Raffaels. – *Sizilianischer Garten* (südöstlich der Orangerie), regelmäßige Anlage (1857 von P. J. Lenné) mit vorwiegend südlichen Gewächsen, zahlreichen Plastiken (u. a. Dresdner Vase, Kopie von Ebenhech nach Corradini). – *Paradiesgärtchen* (westlich der Orangerie), Nachbildung eines italienischen Nutzgartens mit kleinem Pavillon (1844 von Persius).

Friedenskirche. Dreischiffige querschiffslose Säulenbasilika (1845–1854 von L. Hesse und F. v. Arnim) in Anlehnung an die Kirche San Clemente in Rom, Apsismosaik (Christus mit Maria, Petrus, Johannes d. T. und St. Cyprianus) aus der Kirche San Cipriano auf Murano bei Venedig (12. Jh.), an der Südseite Kampanile; Maria mit dem Leichnam Christi, 1855 von E. Rietschel,

und Moses, gestützt von Aaron und Hur, 1856 von Ch. D. Rauch. Vor der Westseite Atrium mit segnendem Christus (Kopie nach Thorwaldsen), an der Nordseite Säulengang, an der Südseite Kreuzgang. – *Marlygarten* (westlich der Friedenskirche), kleiner Landschaftspark (1845/46 von Lenné). – *Bauten an der Allee vom Grünen Gitter:* Altes Kabinettshaus vor dem Grünen Gitter 1844–1846 nach Entwurf von L. Persius. Marlyschlößchen (Pfarrhaus der Friedenskirche) 1845–1849 von F. A. Stüler und L. Hesse. Villa Illaire 1844–1846 nach Entwurf von Persius. Villa Liegnitz 1841 von A. D. Schadow.

Bauten und Anlagen in den nördlichen und nordwestlichen Außenbezirken

Marmorpalais. Zweigeschossiger klassizistischer Backsteinbau mit Strukturteilen aus Marmor (1787–1791 von K.v. Gontard und C. G. Langhans), an der Seeseite Säulenvorbau, auf dem Dach turmartiger Aufsatz (Belvedere) mit Stufenkuppel, an der Gartenseite eingeschossige Flügelbauten (begonnen 1797, vollendet 1844/45), Treppenhaus mit schraubenförmig gewundener Treppe. – *Neuer Garten,* weiträumiger Landschaftspark, erste Anlage 1787–1791 von J. A. Eyserbeck d. J., 1816–1824 von P. J. Lenné völlig umgestaltet. – Im Nordteil des Neuen Gartens *Gedenkstätte des Potsdamer Abkommens* (Schloß Cecilienhof, 1913–1916 von P. Schultze-Naumburg), historische Konferenz-

Potsdam-Sanssouci, Bildergalerie

Potsdam, Schloß Cecilienhof im Neuen Garten

räume und Ausstellung über Inhalt und Bedeutung des Potsdamer Abkommens Juli/August 1945. – *Weitere Bauten im Neuen Garten:* Toranlage um 1790 von C. G. Langhans. Kavalier- und Dienerhäuser an der Zufahrtsallee um 1790 nach dem Vorbild der Giebelhäuser im Holländischen Viertel. Orangerie 1791/92 von C.G. Langhans, Kopfbau mit Portalnische und ägyptisierenden Figuren, Konzertsaal. Obelisk vor dem Marmorpalais 1793/94. Römische Tempelruine 1788 v. Gontard. Pyramide 1791/92. Rotes und Grünes Haus (ehemals Gärtnerwohnungen) im Kern 18. Jh., später verändert. Meierei an der Nordspitze 1791, von Persius und Hesse 1844 umgebaut. Gotischer Turm an der Südspitze (ehemals Bibliothek) 1792–1794 von Langhans, seit 1945 Ruine. – In der Nähe des Gotischen Turmes das *Haus Behlertstr. 31,* zweigeschossiger klassizistischer Bau, 1796/97 von Ph. Boumann und C. G. Langhans.

Belvedere auf dem Pfingstberg. 1849–1863 von F. A. Stüler und L. Hesse mit Benutzung eines Vorentwurfs von L. Persius. Gartenanlagen von P. J. Lenné. – Südlich des Belvedere die Ruine des *Pomona-Tempels,* 1800/01 von K. F. Schinkel.

Alexandrowka. Russische Kolonie an der Chaussee nach Nedlitz, gegründet 1826, Anlage mit Blockhäusern, Gartenanlagen von Lenné. – Auf dem Kapellenberg *Russische Kapelle* (1826–1829), Zentralbau mit Mittelkuppel und vier Seitenkuppeln.

Heilandskirche am Port (Ortsteil Sacrow), 1841–1844 von Friedrich Wilhelm IV. und Persius nach dem Vorbild einer frühchristlichen

Kirche mit Kampanile. – Klassizistisches *Herrenhaus* (um 1800) inmitten eines Landschaftsparks von Lenné (nach 1842).
Pfarrkirche im Ortsteil Bornstedt. 1854/55 von F. A. Stüler nach dem Vorbild einer frühchristlichen Kirche mit Kampanile. – Auf dem Friedhof die Gräber von Ludwig Manger (gest. 1790), Ludwig Persius (gest. 1845), Ferdinand v. Arnim (gest. 1866) und Peter Joseph Lenné (gest. 1866). – Der Pfarrkirche gegenüber ein spätklassizistisches *Herrenhaus* (1842–1844 von Persius) mit kleinem Hauspark (1842 von Lenné). – Westlich von Bornstedt *Schloß Lindstedt* (Institut), eingeschossiger spätklassizistischer Bau (1855–1860 nach Entwurf von Friedrich Wilhelm IV. sowie Persius und Stüler) mit hohem Sockelgeschoß, an der Vorderseite Portikus mit Freitreppe, an der Rückseite Rundturm mit Flachkuppel, Pergola von der Straße zum Haus.

Bauten und Anlagen in den Vororten östlich der Havel
Einsteinturm (Observatorium auf dem Telegraphenberg). 1920/21 von E. Mendelsohn, aus einem Guß modellierter Beton-

Potsdam-Babelsberg, Schloß

Potsdam, Russische Kirche auf dem Kapellenberg

bau mit Turmteleskop und astrophysikalischem Laboratorium, die gesamte Ausstattung erhalten.
Schloß Babelsberg (Museum für Ur- und Frühgeschichte). Neugotischer Bau (1834/35 von Schinkel, 1845–1849 von J. H. Strack mit Benutzung eines Entwurfs von Persius erweitert) auf einem Grundriß in Form eines S-Winkels, an den Gelenkstellen niedrige Türme, an der Westseite hoher Rundturm, Innenräume mit neugotischem Dekor. – *Museum für Ur- und Frühgeschichte.* Vorwiegend Fundbestände der Bodendenkmalpflege aus der Mark Brandenburg seit 1953, insbesondere Material des kaiserzeitlichen Gräberfeldes Kemnitz (Kr. Potsdam). – *Schloßpark Babelsberg,* weiträumiger Landschaftspark (begonnen 1833 von Lenné, fortgeführt ab 1837 von Kindermann nach Entwürfen von Fürst Pückler-Muskau), im Osten stark bewaldeter Bergpark, im Westen flacher Wiesenpark. – *Bauten im Park:* Gerichtslaube vom alten Berliner Rathaus, gotischer Backsteinbau (2. Hälfte 13. Jh.,

Potsdam, Einsteinturm auf dem Telegraphenberg

Obergeschoß vermutlich 15. Jh.), 1871/72 in den Park versetzt. Kleines Schloß oder Prinzenhaus am Havelufer (Gaststätte), neugotisch von 1833, umgebaut 1841/42; dahinter Marstall 1842 von Gebhardt. Matrosenhaus am Havelufer, neugotisch, 1842 von Strack. Flatowturm 1853 nach dem Vorbild des Eschenheimer Tores in Frankfurt/M. Maschinenhaus am Ufer der Glienicker Lake, zweigeschossiger neugotischer Bau (1843–1845 nach Entwurf von Persius) mit Zinnenkranz, Schornstein als Turm maskiert.

Dorfkirche im Ortsteil Drewitz. Barocker Zentralbau (1732) über quadratischem Grundriß, Zeltdach mit Laterne; Kanzel 18. Jh. – Östlich von Drewitz, inmitten eines in den Grundzügen erhaltenen Wildparks (1726–1730 nach Entwurf des Landmessers C. Henning) das *Jagdhaus Stern,* 1730–1732 nach Art der späteren Bürgerhäuser im Holländischen Viertel, Saal mit Holztäfelung und gemalten Jagdszenen. – Neben dem Jagdhaus das ehemalige *Kastellanhaus* (Gaststätte) 1730–1732.

PREDDÖHL (I 1). *Dorfkirche,* Feldsteinbau (um 1250) mit querrechteckigem Westturm, Ostgiebel aus Backstein; spätgotischer Altarschrein um 1460/70. – *Vorlaubenhaus* (Gasthof), Fachwerkbau um 1820/30.

PRENDEN (III 2). *Dorfkirche,* verputzter Feldsteinbau (17. Jh.) mit mächtigem Fachwerk-Westturm von 1704; zum Kanzelaltar umgebauter reicher Altaraufsatz 1611.

PRENZLAU (III 1). Urspr. Burg der pommerschen Fürsten zur Beherrschung des Ueckerüberganges mit slawischer Siedlung im Schutz der Burg, nach der Zerstörung im Wendenkreuzzug (1147) Neubau und Befestigung durch deutsche Kolonisten, Ausbau der Altstadt gegen Mitte des 13. Jh. vollendet, annähernd fünfeckiger Grundriß mit vier breiten Längs- und sieben schmaleren Querstraßen, in der Mitte rechteckiger Markt. Von der *Stadtbefestigung* bedeutende Reste der Stadtmauer (Erlaubnis zum Mauerbau 1287) mit Wiekhäusern und Mauertürmen (u. a. Hexen- oder Pulverturm) erhalten, ferner drei Tortürme: Blindower Tor (Zinnenkranz und gemauerter Helm), Schwedter Tor (reicher oberer Teil über älteren Zinnen), Mitteltor (unterer Teil über quadratischem Grundriß, Wehrgang auf Steinkonsolen, runder oberer Teil mit Zinnenkranz und gemauertem Helm). – An der 1945 ausgebrannten *Marienkirche* (im wesentlichen 2. Viertel 14. Jh., Wiederaufbau des Äußeren abgeschlossen, Rekonstruktion des Innern im Gange) besonders bemerkenswert: Ostgiebel mit Fialen, Wimpergen und frei vor die Giebelfläche gestelltem Maßwerk aus roten und schwarzen glasierten Formsteinen, verwandt mit dem Ostgiebel der Marienkirche in Neubrandenburg. – Ehemalige *Dominikaner-Klosterkirche zum Hl. Kreuz* (Nikolaikirche), dreischiffige frühgotische Backstein-Hallenkirche (begonnen 1275, geweiht 1343) mit Kreuzrippengewölben und einschiffigem Chor; Altaraufsatz 1609, Gemälde (Kreuzigung mit Stiftern, im Hintergrund Ansicht von Prenzlau) 17. Jh. Aus der Marienkirche: Bronze-Taufkessel (getragen von drei Männern, an der Wandung Christus und Apostel) Anfang 15. Jh. Spätgotische Schnitzfiguren aus dem ehemaligen Hochaltar 1512. – Die *Klostergebäude* (Heimatmuseum) nahezu vollständig erhalten (vermutlich Mitte 14. Jh.), im Ostflügel Kapitelsaal, im Westflügel Refektorium (Wandgemälde von 1516) und Raum mit Sterngewölbe, im Obergeschoß Schlafräume. – *Heimatmuseum,* u. a. ur- und frühgeschichtliche Funde aus der Ukkermark, Geschichte der Landwirtschaft. – In der *Sabinenkirche* (im Kern frühgotisch, 1816/17 umgebaut, Inneres 1954 restauriert) bemerkenswerter Kanzelaltar von 1597. – *Dreifaltigkeitskirche* (ehemals Franziskaner-Klosterkirche), einschiffiger frühgotischer Granitbau (im wesentlichen Mitte 13. Jh.) mit Kreuzrippen-

Prenzlau, Mitteltorturm

gewölben, dreiviertelsäulenartige Wandvorlagen mit Trapezkapitellen, Ostgiebel mit kleinem Turm. – *St.-Georgs-Kapelle* (Wohnhaus), 1325 urkundlich genannt, gotischer Bau (vermutlich 14. Jh.), reicher Westgiebel. – *Jakobikirche,* frühgotischer Feldsteinbau (Mitte 13. Jh.), 1945 ausgebrannt, beim Aufbau die Turmhalle zum Altarraum umgestaltet. – *Westbau der alten Nikolaikirche,* frühgotisch Mitte 13. Jh. – *Heiliggeistkapelle* am Mitteltor, gotischer Feldsteinbau (frühes 14. Jh.), 1945 ausgebrannt, Ruine.

PRESCHEN (VII 3). *Dorfkirche,* Feldsteinbau um 1400.

PREUSSNITZ (V 1). *Dorfkirche,* turmloser spätromanischer Feldsteinbau Anfang 13. Jh.; Altaraufsatz 1711.

PRIESSEN (VI 3). In der *Dorfkirche* spätgotischer Flügelaltar Anfang 16. Jh.

Prenzlau, Marienkirche

PRITZERBE (II 3). *Pfarrkirche St. Marien,* schlichter Barockbau von 1690, 1740 stark verändert, Westturm von 1783; Kanzelaltar 18. Jh., Orgel um 1750 von J. Wagner.

PRITZWALK (I 1). *Pfarrkirche,* dreischiffige spätgotische Backstein-Hallenkirche (Ostteile geweiht 1441, vollendet 1451 und 1501) auf frühgotischen Fundamenten, Stern- und Kreuzrippengewölbe, Chor mit Umgang, an der Südseite Kapelle mit Staffelgiebel, neugotischer Turm von 1882. – ***Heimatmuseum,*** u. a. ur- und frühgeschichtliche Funde aus dem Kreisgebiet.

PRÖTTLIN (I 1). *Dorfkirche,* kleiner spätgotischer Feldsteinbau um 1500; spätgotischer Flügelaltar (im Schrein Maria in der Strahlenglorie) Anfang 16. Jh.

PRÖTZEL (III 3). *Schloß,* stattlicher Barockbau um 1712 wahrscheinlich nach Entwürfen von A. Schlüter, 1859 von F. A. Stüler umgebaut, zweigeschossiger Mittelbau, flankiert von zwei eingeschossigen Seitenflügeln. – *Dorfkirche,* schlichter Barockbau (1. Hälfte 18. Jh.) mit reich gegliedertem Ostturm.

PROSSMARKE (VI 2). *Dorfkirche,* gotischer Bau (14. Jh.) mit mächtigem spätgotischem Westturm.

PROTZEN (II 2). *Dorfkirche,* Feldsteinbau (13. Jh.) mit querrechteckigem Westturm; Kanzelaltar und Taufengel 18. Jh., sonst neubarocke Ausstattung von 1912.

PUTLITZ (I 1). *Pfarrkirche St. Nikolai,* neugotischer Backsteinbau von 1854 mit Turm von 1909. – Von der *Burg* der Gänse zu Putlitz (13. Jh.) nur die Umfassungsmauern und der Bergfried (Aussichtsturm) erhalten. – *Rathaus,* Fachwerkbau Ende 18. Jh. – *Stadtbibliothek* (Thälmannstr. 42), Fachwerkbau nach 1800.

Q

QUITZOW (I 2). *Dorfkirche,* frühgotisches Langhaus Ende 13. Jh., spätgotischer Chor 1. Hälfte 15. Jh., Westturm um 1500; Altaraufsatz 1703, gotischer Taufstein 14. Jh.

R

RABEN (V 1). Von der *Burg Rabenstein* (1251 erwähnt, 1395 zerstört, 1401 wiederhergestellt, später mehrfach verändert) erhalten: Ringmauer, 28 m hoher Bergfried (Mauerstärke: 4 m) und Gebäude an der Nord- und Westseite, letztere aus späterer Zeit. – *Dorfkirche,* spätromanischer Granitbau (Mitte 13. Jh.).

RADENSLEBEN (II 2). *Dorfkirche,* im Kern Feldsteinbau 13./14. Jh., 1865–1870 von F. v. Quast umgestaltet; zwei Majolika-Reliefs um 1500 aus der Florentiner Werkstatt des Giovanni della Robbia, drei barocke Gemälde (u. a. Christus vor Kaiphas 1710 von C. C. Hartung), Epitaph nach 1741, v. Quast. – Östlich der Kirche *Campo Santo* mit dem Grab des ersten preußischen Generalkonservators Ferdinand v. Quast (gest. 1877).

RADEWEGE (II 3). *Dorfkirche,* kleiner spätgotischer Bau (15. Jh.) mit Kreuzrippengewölben, 1900 willkürlich restauriert und ausgemalt; Kanzel 2. Hälfte 16. Jh.

RÄGELIN (II 2). *Dorfkirche,* Fachwerkbau von 1697; Kanzelaltar 1697, gotische Johannesschüssel vermutlich 14. Jh., spätgotisches Kruzifix 2. Hälfte 15. Jh.

RAGOW (bei Beeskow) (VI 1). *Dorfkirche,* spätgotischer Feldsteinbau mit neuromanischem Dachturm; Messingleuchter um 1850.

RAGOW (bei Königs Wusterhausen) (VII 1). In der *Dorfkirche* (im Kern 14. Jh.) reicher Kanzelaltar von 1702.

RANGSDORF (VI 1). *Dorfkirche* von 1890; Kanzelaltar um 1700.

RATHENOW (II 3). In der urspr. romanischen, im 15. Jh. und 1. Hälfte 16. Jh. erneuerten *Stadtkirche* (nur das Langhaus in Benutzung) besonders bemerkenswert: Spätgotischer Flügelaltar um 1380. Zwei Gemälde (barmherziger Samariter, Verurteilung Christi) um 1570 und um 1700. – *Denkmal* des Kurfürsten Friedrich Wilhelm (1736–1738 von J. G. Glume), Standfigur in römischer Imperatorentracht, am Postament gefesselte Sklaven.

RAUEN (VII 1). *Dorfkirche,* spätgotischer Feldsteinbau (um 1500), mächtiger Westturm mit Zinnenkranz und Spitzhelm; gotischer Taufstein, vier Schnitzfiguren um 1480/90.

RAVENSBRÜCK (II 1). *Mahn- und Gedenkstätte.* 1955–1959 nach Entwürfen des »Architektenkollektivs Buchenwald« unter

Ravensbrück, Mahn- und Gedenkstätte, Plastik von Fritz Cremer

Leitung von L. Deiters, Plastik von W. Lammert, nach dessen Tod von F. Cremer vollendet, im Vorgelände Plastikgruppe von F. Cremer. Im ehemaligen Zellenbau *Museum* zur Geschichte des Frauenkonzentrationslagers, im Untergeschoß einige Länderausstellungen.

RECKAHN (V 1). *Schloß* (Schule), stattlicher Barockbau um 1720 von einem Meister der Schlüter-Schule, eingeschossige Dreiflügelanlage, Treppenhaus mit doppelläufiger Stiege. – *Dorfkirche*, stattlicher Barockbau 1739 von Heins aus Brandenburg; gediegene Ausstattung der Entstehungszeit, spätgotische Maria mit Kind 1474 von G. Weger aus Brandenburg. – *Altes Schulhaus* von 1733.

REHFELD (II 2). *Dorfkirche*, schlichter Fachwerkbau von 1791; kleiner Kanzelaltar 1705.

REHFELDE (III 3). *Dorfkirche*, frühgotischer Feldsteinbau (um 1400) mit querrechteckigem Westturm, an der Südseite spätgotische Vorhalle von 1499; spätmittelalterlicher Taufstein, Kanzelaltar 1722.

REICHENBERG (IV 3). *Herrenhaus*, eingeschossiger Barockbau vermutlich 2. Hälfte 18. Jh., im frühen 19. Jh. klassizistisch überarbeitet. – *Dorfkirche*, Feldsteinbau 14./15. Jh.

REICHENOW (IV 3). *Dorfkirche*, turmloser frühgotischer Feldsteinbau 2. Hälfte 13. Jh.; reicher Altaraufsatz 1622.

REINSDORF (VI 2). *Dorfkirche*, spätromanischer Feldsteinbau (13. Jh.) mit Fachwerk-Dachreiter (19. Jh.); reicher Kanzelaltar um 1715.

RETZOW (II 3). *Dorfkirche*, spätgotischer Backsteinbau (Anfang 16. Jh.) mit querrechteckigem Westturm; großer Kanzelaltar 1729.

RHEINSBERG (II 2). Nach dem Stadtbrand von 1740 planmäßiger Wiederaufbau nach Angaben von G. W. v. Knobelsdorff, Einteilung der Stadt in elf »Quarrés«, regelmäßiges Straßengitternetz mit einheitlicher Randbebauung, in den Nebenstraßen mit eingeschossigen, in den Hauptstraßen und an den Plätzen mit zweigeschossigen Häusern. *Schloß* (Diabetikersanatorium), zweigeschossige barocke Dreiflügelanlage (1734–1739 von J. G. Kemmeter und G. W. v. Knobelsdorff, Eckbauten an der Stadtseite 1786 von C. G. Langhans), die Flügel durch Kolonnade miteinander verbunden, an den Stirnseiten der Flügel je ein Rundturm, an der Stadtseite Mittelrisalit mit Attika und vier Figuren. In einigen von Knobelsdorff geschaffenen Räumen Deckengemälde von A. Pesne, u. a. im Konzertsaal (»Apoll vertreibt die

Nacht«), im Ritterzimmer (»Mars nähert sich Venus«) und im Turmkabinett des Südflügels (»Minerva mit den Wissenschaften und Künsten«). Umbau einiger Räume 1762/63 und 1769 durch C. G. Langhans, u. a. Muschelsaal und Bibliothek in derbem Rokoko mit einzelnen klassizistischen Motiven. – ***Kavaliershaus*** nördlich des Schlosses, zweigeschossige barocke Dreiflügelanlage (begonnen 1738 von Knobelsdorff, nach 1774 von Hennert umgestaltet), linker Flügel mit Theater 1945 ausgebrannt. – ***Schloßpark,*** urspr. Barockanlage (1734–1741 von Knobelsdorff), nach 1764 in Landschaftspark umgewandelt und erweitert; zwischen Schloß und See ein Gartenparterre (»Apollo mit den vier Jahreszeiten« 1766 von G. A. Cybei), südlich vom Schloß die Hauptallee mit Sphinxtreppe und Hauptportal (»Flora« und »Pomona«, um 1741 von F. Ch. Glume), in der Querachse Pavillon (1740 von Knobelsdorff), um den Pavillon »Jahreszeiten« (von Cybei). Im Park ferner das Grabmal des Prinzen Heinrich (gest. 1802), Obelisk (1791) sowie Reste anderer Bauten und Denkmäler. – ***Pfarrkirche,*** frühgotischer Granitbau mit gotischen Backsteinteilen, 1566–1568 Umbau mit Erweiterung, zweischiffiges Langhaus, dreischiffiger Chor, beide mit Kreuzrippengewölben. Bemerkenswerte Ausstattungsstücke: Altaraufsatz (im Mittelfeld Kreuzigung) 1568. Kanzel und Taufe (gebrannter Ton) 1. Hälfte 16. Jh. Epitaphe 16. Jh., v. Bredow. In der südlichen Vorhalle sechs Grabsteine des 16. Jh., teilweise v. Bredow.

RHINOW (II 2). *Pfarrkirche,* im Kern gotisch um 1300, 1734–1745 umfassend barock erneuert; Kanzelaltar 1734.

Rheinsberg, Schloß

RIBBECK (bei Nauen) (II 3). *Schloß,* im Kern zweigeschossiger klassizistischer Bau von 1821, 1893 grundlegend verändert. – *Dorfkirche,* im Kern mittelalterlich, um 1722 barock umgebaut; einheitliche Ausstattung Ende 19. Jh.

RIEDEBECK (VI 2). *Dorfkirche,* einschiffiger spätromanischer Granitbau (im Kern 1192–1204) mit Flachdecke, Chor und Apsis, in der Apsiswölbung spätgotische Wandmalereien (u. a. Christus als Weltenrichter), querrechteckiger Westturm; spätgotischer Flügelaltar (im Schrein Anna selbdritt mit den Hll. Barbara und Margarete) Ende 15. Jh., Taufengel 18. Jh.

RIESSEN (VII 1). *Dorfkirche,* Fachwerkbau frühes 17. Jh.; Altaraufsatz 1627, Kanzel 1626.

RIETZ (bei Treuenbrietzen) (V 1). *Dorfkirche,* spätgotischer Feldsteinbau mit neuromanischem Backstein-Westturm; Altaraufsatz und Kanzel um 1700.

RIETZNEUENDORF (VI 2). *Dorfkirche,* Fachwerkbau von 1704.

RINGENWALDE (bei Buckow) (IV 3). *Dorfkirche,* frühgotischer Feldsteinbau (2. Hälfte 13. Jh.) mit mächtigem spätgotischem Westturm (15. Jh.); reicher Altaraufsatz 1. Hälfte 17. Jh., Kanzel 2. Hälfte 17. Jh.

RINGENWALDE (bei Templin) (III 2). *Dorfkirche,* frühgotischer Feldsteinbau (nach 1250) mit querrechteckigem Westturm und Westportal; Kanzelaltar und Taufe 1759, spätgotischer Gnadenstuhl und Kruzifix 1. Hälfte 16. Jh., drei Glasgemälde 1599, zwei Grabdenkmäler um 1720.

RITTGARTEN (III 1). In der *Dorfkirche* (Fachwerkbau von 1710) spätgotischer Flügelaltar (im Schrein Maria auf der Mondsichel) Anfang 16. Jh.

RÖNNEBECK (II 2). *Dorfkirche,* spätromanischer Feldsteinbau (13. Jh.) mit querrechteckigem Westturm und Turmaufsatz (nach 1700); Kanzelaltar 18. Jh.

ROHLSDORF (I 1). *Dorfkirche,* spätgotischer Feldsteinbau mit querrechteckigem Westturm, im 18. Jh. nach Osten erweitert; Kanzelaltar um 1700.

ROHRBECK (V 2). *Dorfkirche,* spätgotischer Feldsteinbau mit querrechteckigem Westturm; Kanzelaltar Anfang 18. Jh., spätgotischer Taufstein.

ROSENOW (III 1). *Dorfkirche,* schlichter Barockbau von 1753 mit gediegener Ausstattung.

ROSENWINKEL (II 2). *Dorfkirche,* Fachwerkbau vermutlich 17. Jh.; Rokoko-Kanzelaltar 18. Jh., Empire-Taufe frühes 19. Jh.

ROSKOW (II 3). *Schloß* (Schule), stattliche zweigeschossige barocke Dreiflügelanlage 1723–1727, um 1880/90 umgebaut und mit reichen Schmuckformen versehen, im Obergeschoß Festsaal mit Stuckdekorationen. – *Dorfkirche,* Barockbau von 1724 über kreuzförmigem Grundriß mit spätgotischem Backstein-Westturm (15. Jh.); Kanzelaltar 1724 von J. Blencke und J. Waegner.

ROSSOW (II 2). *Dorfkirche,* gotischer Feldsteinbau mit spätgotischem Backstein-Ostgiebel und frei stehendem verbrettertem Glockenturm, im Innern umfangreiche Reste spätgotischer Wandmalereien (1. Hälfte 16. Jh.); ungewöhnlich reicher spätgotischer Flügelaltar (im Schrein Marienkrönung und Kreuzigung) 15. Jh., die Flügelgemälde (Szenen aus dem Leben Christi) Ende 14. Jh. von einem böhmischen Meister.

RÜDERSDORF (III 3). Kanalanlage aus dem frühen 19. Jh. für den Kalktransport nach Berlin mit zahlreichen Unterführungen. Besonders bemerkenswert: ***Eingang zum Heinitz-Kanal*** (1805), Rundbogen zwischen zwei Pylonen. ***Eingang zum Bülow-Kanal*** (1816 nach einem Entwurf von J. G. Schlätzer), Segmentbogen zwischen zwei halbrunden Pylonen mit Löwenköpfen. ***Eingang***

Rossow, Dorfkirche, Flügelaltar

zum Reden-Kanal (1827, am Entwurf beteiligt Schinkel, Rauch und F. Tieck), Segmentbogen mit starken Seitenteilen, fünf Büsten (nur zum Bülow-Kanal zugänglich).

RÜDNITZ (III 3). ***Dorfkirche,*** Feldsteinbau (13. Jh.) mit Turmaufsatz und verschieferter Haube (18. Jh.); Altaraufsatz Anfang 17. Jh. mit Verwendung von Teilen eines spätgotischen Schnitzaltars.

RÜHSTÄDT (I 2). ***Dorfkirche,*** im Kern spätromanischer Backsteinbau (13. Jh.), 1890 stark verändert, in der Apsiskuppel spätgotische Wandmalerei (Weltgericht); spätgotischer Flügelaltar Anfang 15. Jh., zahlreiche bemerkenswerte Grabdenkmäler 16.–19. Jh., v. Quitzow und v. Jagow.

RUHLAND (VI 3). ***Pfarrkirche,*** barocker Saalbau (nach 1772) mit massigem Westturm; Kanzelaltar um 1780/90, Taufstein 1780, spätgotischer Altarschrein (Mondsichelmadonna) um 1500, Relief (Marientod) um 1480/90. – ***Herrenhaus,*** zweigeschossiger Fachwerkbau um 1700. – Im Ort mehrere ***Fachwerkhäuser*** 17.–19. Jh.

RUHLSDORF (bei Biesenthal) (III 2). ***Dorfkirche,*** schlichter barocker Putzbau vermutlich von 1775; Kanzelaltar frühes 18. Jh.

RUHLSDORF (bei Teltow) (VI 1). ***Dorfkirche,*** Feldsteinbau (13. Jh.) mit barockem Westturm von 1759; Kanzel 1594, Taufe 1759, Altaraufsatz 2. Hälfte 19. Jh. mit Verwendung spätgotischer Tafelbilder (vier Heilige) um 1515/20.

S

SAARMUND (VI 1). ***Dorfkirche,*** dreischiffige neuromanische Backstein-Basilika 1846–1848 von F. A. Stüler; schlichte Ausstattung der Entstehungszeit.

SAAROW-DORF (VII 1). ***Herrenhaus*** (Ferienheim), schlichter eingeschossiger Barockbau von 1723.

SACHSENDORF (IV 3). ***Dorfkirche,*** spätgotischer Backsteinbau (1514–1519) mit mächtigem Westturm, an Turm und Ostgiebel reicher Blendenschmuck.

SACHSENHAUSEN (III 2). ***Mahn- und Gedenkstätte.*** 1958–1961 nach Entwürfen des »Architektenkollektivs Buchenwald« unter Leitung von L. Deiters, plastische Arbeiten von R. Graetz und

W. Grzimek. In der ehemaligen Häftlingsküche Museum zur Geschichte des KZ Sachsenhausen. Vor dem Turm A ***Museum*** des antifaschistischen Freiheitskampfes der europäischen Völker mit 17 Länderausstellungen, im Vorraum farbiges Glasfenster von W. Womacka.

SADENBECK (I 1). ***Dorfkirche,*** spätgotischer Feldsteinbau mit mächtigem querrechteckigem Westturm, 1833 nach Osten verlängert.

SALLGAST (VI 3). ***Schloß*** (Kulturhaus), zweigeschossige Vierflügelanlage der Renaissance (16. Jh., 1911 durch B. Ebhardt wiederhergestellt), Fenster unregelmäßig verteilt, an den Ecken massige Rundtürme mit geschweiften Hauben. – ***Dorfkirche,*** im Kern mittelalterlich, um 1774 barock erneuert; Altaraufsatz um 1678, spätgotischer Taufstein, mehrere Grabdenkmäler 18. Jh.

SARNOW (I 2). ***Dorfkirche,*** spätgotischer Feldsteinbau (um 1500) mit querrechteckigem Westturm; Kanzel 18. Jh., Kruzifix 17. Jh.

SATZKORN (II 3). ***Dorfkirche,*** im Kern 13. Jh., Mitte 17. Jh. umgebaut; reicher Altaraufsatz und Kanzel um 1670.

SAUEN (VII 1). ***Herrenhaus,*** eingeschossiger Barockbau (um 1750) mit fünfachsigem zweigeschossigem Mittelrisalit. – ***Dorfkirche,*** Neubau von 1896 mit Benutzung von Teilen des Vorgängerbaus.

SAXDORF (VI 3). In der ***Dorfkirche*** (im Kern romanisch) Wandmalereien aus dem 15. Jh. und spätgotischer Altar um 1500.

SCHENKENDORF (bei Baruth) (VI 2). ***Herrenhaus,*** schlichter Barockbau nach 1700. – ***Dorfkirche,*** spätgotischer Feldsteinbau vermutlich 15. Jh.; Altaraufsatz Ende 17. Jh. von J. Bandicken aus Lukkau.

SCHENKENDORF (bei Königs Wusterhausen) (VI 1). ***Dorfkirche,*** spätmittelalterlicher Feldsteinbau mit verschiefertem Giebelturm von 1713; spätgotischer Flügelaltar (im Schrein Maria auf der Mondsichel) 1516, Altaraufsatz, Kanzel und Taufe 2. Hälfte 17. Jh.

SCHENKENHORST (VI 1). ***Dorfkirche,*** frühgotischer Feldsteinbau (spätes 13. Jh.) mit Fachwerk-Dachturm von 1793; Reliefgrabstein nach 1567.

SCHIFFMÜHLE (IV 2). Ehemaliges ***Chausseehaus,*** klassizistischer Putzbau von 1834 nach Entwürfen von K. F. Schinkel. – Ehemaliger ***Fährkrug*** an der Alten Oder, klassizistischer Putzbau

Anfang 19. Jh. – *Dorfkirche* im Ortsteil Neutornow, schlichter Barockbau von 1769/70 mit Westturm von 1876.

SCHLABENDORF (VI 2). In der *Dorfkirche* (vermutlich 15. Jh.) spätgotische Schnitzfiguren 1. Hälfte 15. Jh. und Anfang 16. Jh.

SCHLALACH (V 1). *Dorfkirche,* spätgotischer Feldsteinbau mit bemaltem hölzernem Tonnengewölbe von 1715; spätgotischer Flügelaltar (im Schrein Verkündigung) um 1460/70, gotischer Taufstein.

SCHLAMAU (V 1). *Dorfkirche,* spätromanischer Feldsteinbau (1. Hälfte 13. Jh.), 1701 barock erneuert; vier Tafelbilder (Evangelisten) 1. Hälfte 18. Jh.

SCHLENZER (VI 2). *Dorfkirche,* frühgotischer Granitquaderbau mit spätgotischem Westturm, Langhaus im 18. Jh. barock umgebaut; Altaraufsatz Anfang 18. Jh., Kanzel 1726 von J. Angermann.

SCHMARGENDORF (III 2). *Dorfkirche,* frühgotischer Feldsteinbau (2. Hälfte 13. Jh.), vor 1740 barock erneuert, Westturm von 1745; Kanzelaltar um 1750.

SCHMERZKE (II 3). *Dorfkirche,* barocker Backsteinbau von 1714 mit neuromanischem Westturm (nach 1850); Kanzelaltar Ende 17. Jh.

SCHMETZDORF (I 3). *Dorfkirche,* spätromanischer Backsteinbau (um 1200) mit hohem quadratischem Westturm; Reste eines spätgotischen Schnitzaltars um 1520 sowie zahlreiche spätgotische Schnitzfiguren, Ritzgrabstein eines Priesters 1299, spätgotischer Taufstein.

SCHMIEDEBERG (III 1). *Dorfkirche,* spätromanischer Feldsteinbau (um 1230/40) mit verbrettertem Dachturm; spätgotischer Flügelaltar (um 1500) in barockem Gehäuse, Kanzel 1. Hälfte 17. Jh.

SCHMÖLLN (IV 1). *Dorfkirche,* stattlicher Feldsteinbau (13. Jh.) mit querrechteckigem Westturm, bemalte Balkendecke 17. Jh.; reiche Kanzel, Altaraufsatz und Taufe 1604.

SCHMOLDE (I 1). *Dorfkirche,* Fachwerkbau um 1700; Kanzelaltar der Entstehungszeit mit Verwendung spätgotischer Schnitzfiguren, Taufengel Anfang 18. Jh.

SCHÖNBERG (bei Neuruppin) (II 2). *Dorfkirche,* Fachwerkbau von 1689; Holzbalkendecke, Empore, Kanzelaltar und Taufengel der Entstehungszeit.

Schönborn, Dorfkirche

SCHÖNBORN (VI 3). In der *Dorfkirche* (1. Hälfte 13. Jh.) reiche Kanzel von 1655 und spätgotischer Flügelaltar Anfang 16. Jh.

SCHÖNEICHE (bei Berlin) (III 3). *Dorfkirche,* im Kern frühgotisch, 1725 umfassend barock erneuert, reich gegliederter Westturm mit Haube und Laterne; Taufstein um 1725, drei Grabsteine mit Relieffiguren 16. und 17. Jh., v. Krummensee, Grabdenkmal des F. W. Schütze 1797 von J. G. Schadow. – Im Ortsteil Kleinschönebeck *Dorfkirche,* spätgotischer Feldsteinbau 15./16. Jh.; Kanzelaltar um 1730. – *Pfarrhaus* von 1789. – *Doppelstubenhaus* (Dorfaue 8), Fachwerkbau 18. Jh.

SCHÖNERMARK (bei Angermünde) (IV 2). *Dorfkirche,* frühgotischer Feldsteinbau (2. Hälfte 13. Jh.); Kanzelaltar um 1735/40, Gemälde (Halbfigur Christi) 16. Jh., italienische Arbeit.

SCHÖNERMARK (bei Kyritz) (II 2). *Dorfkirche,* spätgotischer Feldsteinbau mit hohem Westturm, 1886 stark verändert; Kanzelaltar 1719.

SCHÖNEWALDE (bei Finsterwalde) (VI 2). In der *Dorfkirche* (um 1300) Altaraufsatz 1765 von Ch. H. Rathmann aus Kirchhain.

SCHÖNEWALDE (bei Herzberg) (VI 2). *Pfarrkirche,* schlichter klassizistischer Bau (nach 1803) mit einheitlicher Ausstattung.

SCHÖNFELDE (IV 3). *Dorfkirche,* Feldsteinbau (um 1400) mit Fachwerk-Turmaufsatz (18. Jh.); reicher Kanzelaltar Anfang 18. Jh., Taufgestell 1619.

SCHÖNFLIESS (bei Oranienburg) (IV 3). *Dorfkirche,* Granitquaderbau 2. Hälfte 13. Jh., 1877/78 verändert; gediegene barocke Ausstattung um 1700. – *Vorlaubenhaus* (Dorfstr. 26/27), Fachwerkbau Mitte 18. Jh.

SCHÖNHAGEN (bei Kyritz) (I 2). *Dorfkirche,* spätgotischer Feldsteinbau mit querrechteckigem Westturm; Kanzelaltar nach 1700.

SCHÖNHAGEN (bei Pritzwalk) (I 1). *Dorfkirche,* spätgotischer Feldsteinbau mit querrechteckigem Westturm; Kanzelaltar vermutlich 1694, Taufengel 18. Jh.

SCHÖNWALDE (bei Bernau) (III 3). *Dorfkirche,* spätklassizistischer Bau von 1843; Gemälde (Maria mit Jesus und Johannes) 16. Jh., vermutlich italienische Arbeit, Gemälde (Kreuzigung) 2. Hälfte 18. Jh. (Pastell).

SCHÖNWALDE (bei Hennigsdorf) (II 3). *Dorfkirche,* schlichter Barockbau von 1737; Kanzelaltar der Entstehungszeit.

SCHORBUS (VII 2). *Dorfkirche,* spätgotischer Bau 16. Jh., 1862 nach Osten erweitert; Altaraufsatz 1582 mit eingebautem spätgotischem Flügelaltar um 1500.

SCHREPKOW (I 2). *Dorfkirche,* Feldsteinbau (vermutlich 14. Jh.) mit querrechteckigem Westturm; Kanzelaltar 1748.

SCHÜNOW (VI 1). *Dorfkirche,* kleiner Barockbau von 1765; Kanzelaltar der Entstehungszeit.

SCHULZENDORF (bei Bad Freienwalde) (IV 3). *Dorfkirche,* Feldsteinbau (um 1250) mit massigem Westturm; Altaraufsatz Anfang 17. Jh. mit Resten eines spätgotischen Schreinaltars, Kanzel Anfang 18. Jh., Epitaph nach 1571, v. Pfuel.

SCHWANEBECK (bei Belzig) (V 1). *Dorfkirche,* spätgotischer Feldsteinbau mit Fachwerk-Dachtürmchen; Altaraufsatz und Kanzel um 1700.

SCHWANEBECK (bei Bernau) (III 3). *Dorfkirche,* spätromanischer Feldsteinbau (Anfang 13. Jh.) mit Backstein-Westturm von 1882, im 15. Jh. zur zweischiffigen Anlage umgebaut und eingewölbt; Altaraufsatz Ende 16. Jh. mit Einbeziehung von zwei spätgotischen Schnitzaltären.

SCHWANEBERG (IV 1). *Dorfkirche,* stattlicher Feldsteinbau (2. Hälfte 13. Jh.) mit querrechteckigem Westturm; Altaraufsatz Anfang 18. Jh., Kanzel 1719, spätgotisches Kruzifix.

SCHWANTE (II 3). *Dorfkirche,* Barockbau von 1780 mit reich gegliedertem Westturm; gediegene Ausstattung der Entstehungszeit, spätgotisches Kruzifix um 1450. – *Pfarrhaus,* Backsteinbau von 1809. – *Schloß,* zweigeschossige barocke Dreiflügelanlage um 1740, doppelläufiges Treppenhaus.

SCHWEDT (IV 2). Im letzten Viertel des 17. Jh. Neubau als barocke Residenz der Markgrafen von Brandenburg-Schwedt, regelmäßiges Straßengitternetz mit Betonung der Hauptstraßen, nach der Zerstörung im Frühjahr 1945 Anlage einer modernen Wohnstadt. – *Heimatmuseum* (Markt 4), u. a. Stadtgeschichte von der Gründung bis zum Neuaufbau als Industriestadt, ur- und frühgeschichtliche Funde aus der Umgebung. – *Pfarrkirche St. Katharinen,* im Kern mittelalterlich, 1887 – 1891 nach Entwürfen von L. Dihm völlig umgestaltet, 1945 ausgebrannt, vereinfacht wiederaufgebaut. – *Französisch-reformierte Kirche,* Barockbau (1777–1779 von G. W. Berlischky) über ovalem Grundriß, Kuppel mit Laterne, unter der Kirche Gruft der Markgrafen von Brandenburg-Schwedt; Kanzelaltar und Patronatsloge der Entstehungszeit. – *Katholische Kirche,* Backsteinbau 1895–1898 nach Entwürfen von M. Hasak; spätgotische Anna selbdritt 2. Hälfte 15. Jh. – Ehemaliges *Ritualbad* der jüdischen Gemeinde, kleiner Kuppelbau vermutlich von 1862. – Nordwestlich der Stadt in der Hauptachse des 1945 kriegszerstörten, 1961 abgetragenen Schlosses ehemaliges *Lustschloß Monplaisir* (Gaststätte), ursprünglich eingeschossiger Barockbau 1778–1780 von G. W. Berlischky, stark verändert. – Ortsteil Heinersdorf: *Dorfkirche,* frühgotischer Feldsteinbau (2. Hälfte 13. Jh.), im Chor Kreuzgratgewölbe, querrechteckiger Westturm mit Backsteinbrüstung und Spitzhelm; reicher Altaraufsatz um 1750, Kanzel um 1650. – *Pfarrhaus,* eingeschossiger Fachwerkbau 18. Jh. – Ehemaliges *Amtshaus,* Barockbau 1794/95 von G. W. Berlischky.

SCHWEINRICH (II 1). *Dorfkirche,* kleiner spätgotischer Feld- und Backsteinbau mit querrechteckigem Westturm; reicher Altaraufsatz und Kanzel, beide 1783 von H. Mehrian.

SEEFELD (III 3). *Dorfkirche,* spätgotischer Feldsteinbau mit querrechteckigem Westturm und blendengeschmücktem Ostgiebel; Taufstein 1597.

SEEHAUSEN (bei Jüterbog) (V 2). *Dorfkirche,* spätromanischer Feldsteinbau mit Fachwerkturm von 1733; Kanzelaltar und Taufe 1682.

SEEHAUSEN (bei Prenzlau) (III 1). *Dorfkirche,* schlichter Fachwerkbau 18. Jh.; Altaraufsatz Ende 16. Jh., reiche Kanzel 1619.

SEELOW (IV 3). *Pfarrkirche,* klassizistischer Saalbau 1830–1832 nach Entwürfen von Siedler mit Beteiligung von K. F. Schinkel, 1945 zerstört, nach 1956 turmlos wiederaufgebaut.

SEELÜBBE (III 1). In der *Dorfkirche* (13. Jh.) nachträglich zum Kanzelaltar umgearbeiteter reicher Altaraufsatz von 1607.

SELCHOW (bei Königs Wusterhausen) (VI 1). *Dorfkirche,* spätromanischer Feldsteinbau (13. Jh.) mit querrechteckigem Westturm; reicher Kanzelaltar 1710 von D. Maschmann, spätgotisches Kruzifix Ende 15. Jh.

SENFTENBERG (VII 3). *Schloß* (u. a. Heimatmuseum), Dreiflügelanlage der Renaissance (2. Hälfte 16. Jh. mit Benutzung von Teilen einer mittelalterlichen Burg), die vierte Seite von Mauer mit Portal begrenzt, umgeben von hohem Wall mit vier Bastionen und Graben, tunnelartige Zufahrt, auf einer Bastion kleines Wachgebäude (1672). – *Heimatmuseum,* u. a. kirchliche Kunst 16. Jh., bäuerliche Volkskultur, Niederlausitzer Bergbau. – *Pfarrkirche St. Peter und Paul,* dreischiffige spätgotische Feldstein-Hallenkirche mit Backsteinteilen (um 1400, 1945 stark beschädigt), Netzgratgewölbe, querrechteckiger Westturm.

SENZKE (II 3). *Dorfkirche,* spätklassizistischer Putzbau von 1857; Kanzel 2. Hälfte 17. Jh., Taufe 1676, zwanzig Gemälde (Szenen aus dem Alten Testament) 17. Jh.

SERWEST (III 2). *Dorfkirche,* Feldsteinbau (2. Hälfte 13. Jh.) mit Fachwerkturm von 1728, Ostgiebel mit Blenden.

SEWEKOW (II 1). *Dorfkirche,* kleiner Spätrenaissancebau um 1650; Kanzelaltar und Taufe 1682.

SIELOW (VII 2). In der *Dorfkirche* Altaraufsatz um 1600 mit spätgotischer Himmelfahrt der Maria Magdalena.

SIETHEN (VI 1). *Dorfkirche,* frühgotischer Feldsteinbau mit querrechteckigem Westturm; reicher Altaraufsatz 1616, lebensgroßer Taufengel 18. Jh.

SIETZING (IV 3). ***Dorfkirche,*** schlichter Fachwerkbau von 1803 mit Westturm; Kanzelaltar der Entstehungszeit.

SIEVERSDORF (bei Frankfurt/Oder) (IV 3). ***Herrenhaus,*** zweigeschossiger Barockbau um 1700, Anfang 19. Jh. klassizistisch überarbeitet, im Obergeschoß Festsaal mit barocken Stuckdekorationen und Kachelofen. – ***Dorfkirche,*** spätromanischer Feldsteinbau (1. Hälfte 13. Jh.) mit querrechteckigem Westturm; Schnitzaltar (im Schrein Auferstehung Christi) 2. Hälfte 16. Jh., Epitaphe 17. und 18. Jh., v. Strantz.

SIEVERSDORF (bei Neustadt/Dosse) (II 2). ***Dorfkirche,*** Barockbau um 1740, Westturm mit verschieferter Zwiebelhaube; gediegene Ausstattung der Entstehungszeit.

SÖLLENTHIN (I 2). In der ***Dorfkirche*** (vermutlich 14. Jh.) spätgotischer Flügelaltar (im Schrein figurenreiche Kreuzigung) Ende 15. Jh.

SOMMERFELD (II 2). ***Dorfkirche,*** Neubarockbau von 1913; spätgotischer Flügelaltar (im Schrein Maria mit vier Heiligen) um 1515/20, Kanzelaltar 1734–1740, Taufe 1. Hälfte 17. Jh.

SONNEWALDE (VI 2). ***Schloß,*** Renaissancebau (Ende 16. Jh., mehrfach umgebaut, zuletzt um 1860), urspr. gegliedert in Vorder- und Hinterschloß, Hinterschloß nach 1945 abgebrannt, Vorderschloß über verwinkeltem Grundriß, reiches Portal (1592), zwei Schmuckgiebel.

SORNO (VI 3). ***Dorfkirche,*** schlichter klassizistischer Bau 1832.

SPAATZ (II 3). ***Dorfkirche,*** spätromanischer Granitquaderbau 13. Jh., Dachturm mit Haube und Laterne 1706; Altaraufsatz 1647.

SPERENBERG (VI 1). ***Dorfkirche,*** stattlicher Barockbau von 1752/53, Westturm 1846 umgebaut.

SPREMBERG (VII 3). ***Pfarrkirche,*** dreischiffige spätgotische Backstein-Hallenkirche (1. Hälfte 16. Jh., mehrfach durch Brand beschädigt und wiederaufgebaut) mit Netzgewölben und Achteckpfeilern; Altaraufsatz 1660, Kanzel und Taufengel 18. Jh., spätgotische Schnitzfiguren um 1500. – ***Wendische Kirche,*** spätklassizistischer Bau von 1834/35, Inneres modern erneuert; spätgotische Schnitzfiguren 2. Hälfte 15. Jh. – ***Schloß,*** dreigeschossige barocke Zweiflügelanlage (nach 1731 mit Benutzung älterer Teile), an den Flügelenden Türme. – ***Rathaus,*** im Kern Renaissancebau 16. Jh., 1706–1720 von G. Aversbach barock erneuert, Turm mit geschweifter Haube. – ***Kavalierhaus*** (Lange Str. 15/16), zweigeschossiger barocker Putzbau von 1706.

STAFFELDE (II 3). *Dorfkirche,* spätmittelalterlicher Backsteinbau mit Teilen aus Feldstein, verbretterter Dachturm mit Laterne und Spitzhelm (18. Jh.); Kanzelaltar Anfang 18. Jh. – *Herrenhaus,* zweigeschossiger Barockbau (Ende 18. Jh.) mit dreigeschossigem Anbau (um 1900).

STAHNSDORF (III 3). *Dorfkirche,* spätromanischer Feldsteinbau (1. Hälfte 13. Jh.) mit Dachturm von 1779; spätgotischer Flügelaltar (im Schrein Maria mit Katharina und hl. Bischof) um 1430, Kanzel um 1750, Epitaph nach 1590, v. Hake. – Auf dem *Waldfriedhof* Wilmersdorf zahlreiche Grabstätten herausragender Berliner Persönlichkeiten des 19. und frühen 20. Jh., u. a. Erbbegräbnis Wissinger von Max Taut (1920).

STECKELSDORF (I 3). *Dorfkirche,* schlichter barocker Saalbau (18. Jh.) mit einheitlicher Ausstattung.

STEGELITZ (III 1). *Dorfkirche,* stattlicher Feldsteinbau (13. Jh.) mit querrechteckigem Westturm, im 16. Jh. zur zweischiffigen Anlage umgebaut und eingewölbt; reicher Altaraufsatz 1598, Kanzel um 1730, reiches Marmorgrabmal vor 1734 vermutlich von J. G. Glume aus Berlin, v. Arnim.

STEINHÖFEL (bei Angermünde) (III 2). In der *Dorfkirche* (13. Jh., im 18. Jh. verändert) spätgotischer Schnitzaltar um 1500.

STEINHÖFEL (bei Fürstenwalde) (IV 3). *Gesamtanlage* aus Schloß, Park und Dorfanger mit Amtshaus 1790–1795 nach Ent-

Stahnsdorf, Friedhof, Grabdenkmal Wissinger von Max Taut

Steinhöfel, Schloß

würfen von D. Gilly. – *Schloß,* urspr. zweigeschossiger frühklassizistischer Putzbau 1790–1795 von D. Gilly, um 1845 um ein Geschoß erhöht, um 1895 Hinzufügung der Ecktürme, des Mittelrisalits und zweier Seitenflügel. – Großer *Landschaftspark,* angelegt um 1795, fast unversehrt erhalten. – Im Park die ehemalige *Bibliothek,* um 1795 von D. Gilly, Putzbau mit hölzernem, von vier Säulen getragenem Vorbau. – *Amtshaus,* anderthalbgeschossiger frühklassizistischer Putzbau 1790–1795 von D. Gilly. – *Dorfkirche,* frühgotischer Feldsteinbau (2. Hälfte 13. Jh.) mit spätgotischem Westturm (15. Jh.); Altaraufsatz und Kanzel Anfang 18. Jh., Taufe 1671, Grabdenkmäler 16.–18. Jh., v. Wulffen.

STEINSDORF (VII 1). *Dorfkirche,* schlichter Fachwerkbau von 1749 mit hölzernem Dachturm.

STEPENITZ (I 1). *Klosterkirche* des ehemaligen Zisterzienser-Nonnenklosters Marienfließ, gegründet 1230, einschiffiger frühgotischer Backsteinbau (2. Hälfte 13. Jh.), Chor mit Kreuzrippengewölbe, lebhafte Blendengliederung der Langhauswände, großer Dachreiter von 1829; Wappengrabsteine.

Stepenitz, Klosterkirche

STÖFFIN (II 2). *Dorfkirche,* frühgotischer Feldsteinbau (2. Hälfte 13. Jh.) mit querrechteckigem Westturm; Altaraufsatz und Kanzel 1727, Taufe 1. Hälfte 17. Jh.

STÖLLN (II 2). *Dorfkirche,* klassizistischer Bau von 1824 mit Westturm von 1778; reicher Altaraufsatz um 1620/30 aus dem Umkreis von Ch. Dehne, Kanzel 1621, Gemälde (Christus vor Pilatus) 1707, Grabdenkmäler 17. und 18. Jh., v. d. Hagen.

STOLPE (bei Angermünde) (IV 2). Von der ehemaligen *Burg* nur der Bergfried aus Backstein (1. Hälfte 13. Jh.) erhalten, im Innern Verlies mit Rippengewölbe. – *Schloß* (Kinderheim), zweigeschossiger Hauptbau im Kern 16. Jh., 1921/22 nach Brand wiederaufgebaut und dabei verändert, Seitenflügel 2. Hälfte 18. Jh. – *Landschaftspark* um 1830 nach Plänen von P. J. Lenné.

STOLPE (bei Oranienburg) (III 3). *Dorfkirche,* Granitquaderbau (13. Jh.) mit Westturm von 1822; einheitliche Ausstattung um 1820.

STOLZENHAGEN (bei Angermünde) (IV 2). *Dorfkirche,* im Kern mittelalterlich, 1737 von P. Sucrow barock umgebaut, Fachwerkturm mit Haube und Laterne; Kanzelaltar 1737. – *Herrenhaus,* zweigeschossiger Fachwerkbau um 1730, die Fassade um 1770 massiv erneuert.

STOLZENHAGEN (bei Bernau) (III 2). *Dorfkirche,* neuromanischer Backsteinbau von 1890, an der Südseite spätgotische Sakristei mit Blendengiebel und Sterngewölbe.

STOLZENHAIN (bei Herzberg) (VI 3). In der *Dorfkirche* gemalter spätgotischer Flügelaltar um 1480, niederrheinische Arbeit.

STOLZENHAIN (bei Elsterwerda) (VI 3). *Dorfkirche,* Renaissancebau von 1592 mit reicher Ausstattung um 1600.

STORBECK (II 2). *Dorfkirche,* Fachwerkbau um 1700 mit schlichter einheitlicher Ausstattung.

STORKOW (bei Beeskow) (VI 1). Von der ehemaligen *Burg* der Bischöfe von Lebus der zweigeschossige Nordflügel, das ehemalige Brauhaus und Teile der Burgmauer erhalten. – *Pfarrkirche,* neugotischer Backsteinbau (1845–1849) mit Benutzung von Teilen eines spätgotischen Vorgängerbaus; Altarbild (Marienkrönung) 2. Hälfte 18. Jh., Lesepulthalter um 1600. – Ortsteil Neu Boston: Fast unversehrt erhaltene kleine friderizianische *Kolonistensiedlung* nach 1750.

STRAUPITZ (VII 2). *Dorfkirche,* klassizistischer Bau, 1827–1832 nach einem bei der Ausführung veränderten Entwurf von Schinkel; Altaraufsatz 2. Hälfte 17. Jh., Grabdenkmäler 17.–19. Jh., v. Houwald.

STRAUSBERG (III 3). Reste der *Stadtmauer* mit einigen Wiekhäusern sowie geringe Reste des Wriezener und Müncheberger Tores erhalten (im wesentlichen Mitte 13. Jh.). – *Pfarrkirche St. Marien,* dreischiffige Pfeilerbasilika (Mitte 13. Jh., im 15. Jh. umgebaut) mit spätgotischen Kreuzrippengewölben, einschiffiger Chor mit geradem Schluß und Sterngewölben, in den Gewölbekappen spätgotischer Gemäldezyklus von 1448 (u. a. Christus als Weltenrichter, Marienkrönung, Engel mit Passionswerkzeugen), gedrungener Westturm. Bemerkenswerte Ausstattungstücke: Spätgotischer Flügelaltar (im Schrein Maria auf der Mondsichel) Mitte 15. Jh. Kanzel Mitte 17. Jh. Orgelprospekt 1773, Grabsteine 16./17. Jh. – *Heimatmuseum* (Georg-Kurtze-Str. 35), Geschichte der Stadt und der Landwirtschaft im Kreisgebiet. – *Rathaus,* schlichter klassizistischer Bau 1818–1825.

STRUBENSEE (II 2). *Dorfkirche,* kleiner Fachwerkbau von 1598 mit verbrettertem Westturm; Kanzel und Taufe 17. Jh.

STÜLPE (VI 1). *Schloß* (Pflegeheim), stattlicher zweigeschossiger Barockbau von 1744, an den Hauptfronten Kolossalpilaster, an der Parkseite dreiachsiger Mittelrisalit und Terrasse, im Treppenhaus schlichte Stuckdekorationen. – *Landschaftspark* aus

Stülpe, Schloß

dem 19. Jh. – *Dorfkirche*, im Kern 15. Jh., 1689 erneuert und durch Turm ergänzt; einheitliche Ausstattung der Erneuerungszeit, zahlreiche Grabdenkmäler 16.–18. Jh.

STÜTZKOW (IV 2). *Dorfkirche*, stattlicher Fachwerkbau vermutlich von 1748.

SÜKOW (I 2). *Dorfkirche*, frühgotischer Feldsteinbau (Ende 13. Jh.) mit spätgotischem Westturm; Kanzelaltar 1726, Gestühl 1562.

T

TANTOW (IV 1). *Kapelle* im ehemaligen Gutspark, neugotischer Backsteinbau von 1856; Grabstein nach 1596.

TARNOW (II 2). *Dorfkirche*, klassizistischer Putzbau von 1835 in der Art der Schinkel-Schule mit schlichter Ausstattung.

TAUCHE (VII 1). *Dorfkirche*, turmloser barocker Putzbau 18. Jh., frei stehender hölzerner Glockenstuhl; Kanzelaltar und Taufe Ende 18. Jh.

TAUER (VII 2). *Dorfkirche,* schlichter Barockbau von 1790.

TEETZ (II 2). In der *Dorfkirche* (1859) spätgotischer Flügelaltar (im Schrein Maria mit Anna selbdritt und hl. Nikolaus) um 1520, die Flügelgemälde möglicherweise von E. Altdorfer.

TELTOW (III 3). *Pfarrkirche St. Andreas,* im Kern mittelalterlicher Feldsteinbau 13. Jh., 1811/12 von K. F. Schinkel neugotisch umgebaut, 1910 abgebrannt und in den folgenden Jahren wiederaufgebaut; Triumphkreuz 1910 von F. Tavella aus Brixen.

TEMPELBERG (IV 3). *Dorfkirche,* spätromanischer Feldsteinbau (um 1230/40) mit barockem Turmaufsatz (18. Jh.); Altaraufsatz Anfang 18. Jh., Kanzel um 1630/40.

TEMPLIN (III 1). *Stadtanlage,* nach Stadtbrand 1735 Korrektur des mittelalterlichen Straßennetzes und einheitliche Bebauung der rechteckigen Häuserblocks mit zweigeschossigen Fachwerkhäusern. – *Stadtbefestigung,* die mittelalterlichen Wehranlagen fast vollständig erhalten (vermutlich 13. und 14. Jh.). Feldsteinmauer mit Backsteinkrone, insgesamt 51 Mauertürme und Wiekhäuser, ferner: Berliner Tor (an der Stadtseite reiche Blen-

Templin, Rathaus

dengliederung, an der Feldseite tiefe Fallgatternische), Lychener Tor (Blendengliederung und Plattenfries aus Formsteinen), Prenzlauer Tor (Volkskundemuseum) mit Vortor und Zwinger. – ***Volkskundemuseum,*** u. a. Stadtgeschichte, Lebens- und Arbeitsverhältnisse der Bauern, Waldarbeiter, Schiffer, Flößer und Fischer vom Mittelalter bis zur Neuzeit, uckermärkische Volkskunst. – ***Rathaus,*** schlichter dreigeschossiger Barockbau (um 1750 nach Plänen von K.S. Schmidt) mit Türmchen. – ***Pfarrkirche St. Maria Magdalena,*** dreischiffige barocke Hallenkirche (1749 nach Plänen von Schmidt) mit Benutzung der Fundamente eines frühgotischen Vorgängerbaus, Chor mit Umgang, im Süden Schauseite, Turm mit Laterne. – In der spätgotischen ***Kapelle St. Georg*** (14. und 15. Jh.) bemerkenswert: Spätgotischer Flügelaltar (im Schrein zwei Heilige) um 1500. Holzplastik eines St. Georg mit dem Drachen, Anfang 16. Jh.

Templin, »Eulenturm« in der Stadtbefestigung

TESCHENDORF (III 2). *Dorfkirche,* frühgotischer Feldsteinbau (2. Hälfte 13. Jh.) mit unvollendetem querrechteckigem Westturm, Helm von 1601; Kanzelaltar Anfang 18. Jh.

TEUPITZ (VI 1). *Schloß* (Erholungsheim), von der urspr. spätgotischen Burg (vermutlich 15. Jh., im 17. Jh. verfallen) Teile der Mauer, niedriger Turm und ehemaliges Burghaus an der Nordwestecke mit Rittersaal Ende 18. Jh. erhalten. Im Norden ehemaliges Amtshaus, eingeschossiger Barockbau (1769) mit schlichter Pilastergliederung. Um 1950 gesamte Anlage umgestaltet. – *Pfarrkirche,* einschiffiger spätgotischer Backsteinbau (14. Jh., angeblich 1566 erweitert, im 19. Jh. stark verändert), an der Südwestecke Turm mit Treppengiebeln; Kanzel 1692 von F. Schenck aus Lübben.

THOMSDORF (III 1). In der *Dorfkirche* (13. Jh.) spätgotischer Flügelaltar Ende 15. Jh.

THYROW (VI 1). *Dorfkirche,* frühgotischer Feldsteinbau (um 1250) mit schlichter barocker Ausstattung.

TORNOW (bei Eberswalde) (III 2). *Dorfkirche,* frühgotischer Feldsteinbau (um 1250) mit Westportal und verbrettertem Dachturm (1796). – *Gehöft* (Dorfstr. 17) mit Bruchstein-Wohnhaus (18. Jh.) und Stallgebäude aus Backstein (frühes 19. Jh.).

TORNOW (bei Gransee) (III 2). *Dorfkirche,* Feldsteinbau (spätes 13. Jh.) mit neugotischem Turmaufsatz von 1838; einheitliche Ausstattung 1838.

TORNOW (bei Kyritz) (II 2). *Dorfkirche,* kleiner neugotischer Bau von 1827/28; Kanzelaltar 1706, Altargarnitur um 1830 (Berliner Eisenkunstguß nach Entwurf von K. F. Schinkel), Grabdenkmäler 18. und 19. Jh. – *Herrenhaus,* zweigeschossiger klassizistischer Putzbau (1803–1805) mit Krüppelwalmdach.

TRAMPE (III 2). *Schloß,* urspr. zweigeschossiger barocker Putzbau um 1780, durch Umbauten nach 1970 völlig entwertet. – *Landschaftspark* (19. Jh.) mit wertvollem Baumbestand, darin *Ruine* der Burg Breydin (vermutlich 13. Jh.). – *Dorfkirche,* Barockbau von 1768/70 mit Benutzung von Teilen eines mittelalterlichen Feldsteinbaus, neuromanischer Westturm von 1888; Empore 1768, Granittaufe 1829.

TREBBIN (VI 1). *Pfarrkirche St. Marien,* einschiffiger Bau, urspr. gotisch, um 1740 barock umgebaut mit Turm von 1755; schlichte Ausstattung der Umbauzeit. – In der spätgotischen *Hospitalkapelle St. Anna* (15./16. Jh., 1920 verändert) bemerkenswert: Spätgotisches Kruzifix, Maria mit Kind und hl. Katharina 1. Hälfte 16. Jh.

Treuenbrietzen, Marienkirche, Kanzel

TREBBUS (VI 2). *Dorfkirche,* frühgotischer Feldsteinbau Ende 13. Jh.; spätgotisches Chorgestühl 1521.

TREBNITZ (IV 3). *Herrenhaus* (Schule), stattlicher dreigeschossiger Neubarockbau 1900–1910. – *Dorfkirche,* neugotischer Backsteinbau um 1850/60.

TRECHWITZ (V 1). *Dorfkirche,* Barockbau (nach 1750) mit Benutzung von Resten eines mittelalterlichen Feldsteinbaus; gediegene Ausstattung der Entstehungszeit.

TREMMEN (II 3). *Dorfkirche,* vermutlich ehemalige Wallfahrtskirche, ungewöhnlich stattlicher spätgotischer Backsteinbau (spätes 14.–Mitte 15. Jh.) mit Kreuzrippengewölben, zwei Türmen im Westen (Zwiebelkuppeln von 1724) und blendengeschmücktem Ostgiebel, an der Westfassade große Außenkanzel, Reste von spätgotischen Wandmalereien; Kanzelaltar 1715, spätromanischer Taufstein, Kronleuchter 1622.

TREUENBRIETZEN (V 1). *Pfarrkirche St. Nikolai,* dreischiffige frühgotische Backstein-Pfeilerbasilika (1. Hälfte 13. Jh. in Anlehnung an die Klosterkirche in Doberlug) im gebundenen System mit Kreuzrippengewölben, über der Vierung urspr. Kuppel, am Chor und an den Querschiffsarmen drei Apsiden, Vierungsturm mit kuppelartigem Aufsatz von 1756. – *Pfarrkirche St. Marien,* dreischiffige spätromanische Pfeilerbasilika (Anfang 13. Jh., Langhaus um 1230) im gebundenen System mit Kreuzrippen- und Kreuzgratgewölben, Querschiff, Chor mit Apsis, an der Apsis zwei Fensterreihen nach dem Muster von Lehnin, reiches Westportal, massiger Westturm (begonnen 1452); Altaraufsatz, Kanzel und Orgelprospekt 18. Jh. – *Hl.-Geist-Kapelle,* spätgotischer Zentralbau (2. Hälfte 15. Jh.) über achteckigem Grundriß. – *Heimatmuseum* (Großstr. 2), u. a. ur- und frühgeschichtliche Funde, Stadtgeschichte.

TRÖBITZ (VI 3). In der *Dorfkirche* spätgotischer Flügelaltar Anfang 16. Jh.

TUCHEN (III 2). *Dorfkirche,* schlichter Fachwerkbau (1711–1718) mit Dachturm über dem Westgiebel; reicher Kanzelaltar Anfang 18. Jh.

TÜCHEN (I 2). *Dorfkirche,* Fachwerkbau von 1577, die Gefache mit Ziegeln gefüllt, später verbretterter Dachturm; Südvorhalle und Kanzelaltar 1750.

U

UENZE (I 2). *Dorfkirche,* gotischer Feldsteinbau (vermutlich 14. Jh.), die oberen Geschosse des Westturms aus Backstein (Ende 15. Jh.); Kanzelaltar 1753 von P. Pankow aus Wittenberge, spätgotisches Sakramentshaus.

V

VEHLEFANZ (II 3). *Dorfkirche,* im Kern spätgotisch 2. Hälfte 15. Jh., Anfang 18. Jh. barock umgebaut und zur kreuzförmigen Anlage erweitert, obere Teile des Turms 1738/39; Altaraufsatz 1585 mit Einbeziehung von spätgotischen Schnitzfiguren, Kanzel um 1750, großes spätgotisches Triumphkreuz 1. Hälfte 15. Jh., Orgel um 1750 von J. Wagner, Grabdenkmäler 16. und 17. Jh. – Ehemaliges *Amtshaus,* schlichter zweigeschossiger Barockbau um 1765.

VEHLOW (II 2). *Dorfkirche,* spätgotischer Feldsteinbau (15. Jh.) mit fast quadratischem Westturm, an den Brüstungsfeldern der Emporen Gemälde (Szenen aus dem Leben Christi); reiche Ausstattung von 1670, spätgotischer Flügelaltar (im Schrein Maria mit hl. Georg und hl. Bischof) um 1520.

VELTEN (III 3). *Dorfkirche,* schlichter Barockbau von 1750; bemalte Taufe 1671.

VETSCHAU (VII 2). *Pfarrkirche der Landgemeinde,* im Kern spätgotischer Feldsteinbau (erneuert 1. Hälfte 19. Jh.) mit doppelten Emporen, Feldsteinturm mit Backsteinteilen (vermutlich 15. Jh.) und welscher Haube (2. Hälfte 17. Jh.). – An der Nordseite *Pfarrkirche der Stadtgemeinde,* einschiffiger Barockbau (Ende 17. Jh.) mit hölzernem Tonnengewölbe und gediegener Ausstattung der Entstehungszeit. – *Herrenhaus,* schlichter zweigeschossiger Barockbau (um 1725), von Wassergraben umgeben.

VETTIN (I 2). *Dorfkirche,* dreischiffige klassizistische Fachwerk-Hallenkirche 1828–1831 wahrscheinlich mit Beteiligung von K. F. Schinkel; schlichte Ausstattung der Entstehungszeit.

VIERITZ (I 3). *Dorfkirche,* barocker Putzbau (um 1760/70) mit im Unterteil romanischem Westturm; Kanzelaltar um 1750, Taufe 2. Hälfte 18. Jh., stattliches Wandepitaph nach 1782, v. Katte.

VIERRADEN (IV 2). Von der ehemaligen *Burg* nur Turm in der Nordostecke der Anlage (vermutlich 14. Jh.) und Mauerreste erhalten. – *Pfarrkirche,* urspr. Barockbau 1788 von G. W. Berlischky, seit 1945 Ruine.

VIESEN (V 1). *Dorfkirche,* stattlicher spätromanischer Feldsteinbau (1. Hälfte 13. Jh.) mit quadratischem Westturm, Glockengeschoß in Backstein; Altaraufsatz 1684, Kanzel 1686.

VIETMANNSDORF (III 2). In der *Dorfkirche* (im Kern mittelalterlich) große Eichenholztafel mit Darstellung der Geißelung, Kreuzigung und Auferstehung Christi, Anfang 14. Jh.

VIETZNITZ (II 3). *Dorfkirche,* spätgotischer Ostteil aus Backstein, barocker Westteil aus Fachwerk, verbretterter Dachturm; kleiner Altaraufsatz 1695, Kanzel 1686.

VOGELSDORF (III 3). *Dorfkirche,* schlichter barocker Putzbau von 1714 mit Dachturm; Kanzelaltar um 1715.

W

WACHOW (II 3). ***Dorfkirche,*** im Kern spätgotischer Feld- und Backsteinbau, neugotischer Westturm 1820–1822 von J. C. L. Schmid, Reste mittelalterlicher Wandmalereien; Kanzelaltar um 1700.

WAGENITZ (II 3). ***Dorfkirche,*** Putzbau von 1664, 1743 barock umgebaut; schlichte Ausstattung der Umbauzeit, großes Votivgemälde 1667. – Von dem 1945 zerstörten Schloß der große ***Küchenbau*** (um 1580/90) und das ***Bedientenwohnhaus*** (Fachwerkbau vermutlich von 1726) erhalten.

WALDDREHNA (VI 2). ***Dorfkirche,*** spätgotisch 15. Jh., Turm auf zwei Säulen stehend, Unterbau als offene Vorhalle gebildet.

WALDOW (VII 2). ***Dorfkirche,*** schlichter Fachwerkbau 1709.

WALSLEBEN (II 2). ***Dorfkirche,*** verputzter Feldsteinbau 1586 von Baumeister Skrabow in einfachen Renaissanceformen; Kanzel 1. Hälfte 17. Jh., Taufstein 1582, Kindergrabstein Ende 16. Jh.

WALTERSDORF (bei Dahme) (VI 2). ***Dorfkirche,*** im Kern spätgotisch, im 17. und 18. Jh. barock umgebaut, bemalte Balkendecke 17. Jh.; gediegene barocke Ausstattung nach 1700.

WALTERSDORF (bei Königs Wusterhausen) (VI 1). ***Dorfkirche,*** spätromanischer Granitquaderbau (1. Hälfte 13. Jh.) mit querrechteckigem Westturm; Altaraufsatz, zusammengefügt aus Schnitzaltar um 1620 und spätgotischen Flügeln um 1460, Taufstein Ende 16. Jh., drei Grabsteine 16. und 17. Jh., v. Thümen. – An der Straße nach Schulzendorf ***Wohnhaus,*** stattlicher frühklassizistischer Bau Anfang 19. Jh.

WALTERSDORF (bei Luckau) (VI 2). ***Dorfkirche,*** spätromanischer Feldsteinbau 1. Hälfte 13. Jh.

WANDLITZ (III 3). ***Dorfkirche,*** spätmittelalterlicher Feldsteinbau, 1716 nach Osten erweitert, verbretterter Turmaufsatz; Kanzelaltar 1716. – Im Ortsteil Wandlitzsee ***Bahnhof*** und ***Strandbad,*** Putzbauten mit Klinkergliederung, beide 1927/28 von W. Wagner.

WARCHAU (V 1). ***Dorfkirche,*** spätromanischer Feldsteinbau mit Fachwerkturm von 1727; reiche Kanzel 1720, spätgotischer Altarschrein um 1490, Epitaph nach 1716.

WARTIN (IV 1). ***Dorfkirche,*** frühgotischer Feldsteinbau (2. Hälfte 13. Jh.) mit verbrettertem Turmaufsatz (um 1690); Kanzelaltar vor 1715, Taufengel 1707, Orgel um 1745 von Ch. F. Voigt.

WASSERSUPPE (II 3). ***Dorfkirche,*** Fachwerkbau von 1756; Kanzelaltar 1703 von J. Ch. Richter aus Kammer, Totentafel nach 1705. – ***Herrenhaus,*** eingeschossiger barocker Putzbau mit Krüppelwalmdach.

WASSMANNSDORF (VI 1). ***Dorfkirche,*** spätromanischer Bau mit blendengeschmücktem Backstein-Ostgiebel (15. Jh.); kleiner Kanzelaltar Anfang 18. Jh.

WEESOW (III 3). ***Dorfkirche,*** spätromanischer Feldsteinbau 1. Hälfte 13. Jh., 1786 barock umgebaut; schlichte Ausstattung der Umbauzeit.

WEGENDORF (III 3). ***Dorfkirche,*** Feldsteinbau (um 1250) mit Backstein-Westturm (19. Jh.); reicher Altaraufsatz 1. Hälfte 17 Jh., Kanzel 18. Jh., Epitaph nach 1750.

Wiepersdorf, Schloß

Wiesenburg, Schloß

WELSOW (III 2). *Dorfkirche,* Feldsteinbau (13. Jh.) mit verbrettertem Dachturm (18. Jh.); Kanzelaltar 1. Hälfte 18. Jh.

WENSICKENDORF (III 2). *Dorfkirche,* spätgotischer Feldsteinbau (15. Jh.) mit Backstein-Turmaufsatz von 1908/09; Kanzelaltar Anfang 18. Jh. (Kanzelkorb 1691), Taufstein Ende 17. Jh., zwei spätgotische Schnitzfiguren um 1520.

WENTDORF (I 2). *Dorfkirche,* Fachwerkbau 1663 von Zimmermeister Kruse; Altaraufsatz 1682 von M. B. Sengespeik aus Seehausen.

WERBIG (bei Jüterbog) (VI 2). *Dorfkirche,* spätromanischer Feldsteinbau, 1913 ausgemalt; Taufengel 1714.

WERBIG (bei Wiesenburg) (V 1). *Dorfkirche,* im Kern mittelalterlicher Feldsteinbau mit schlichter barocker Ausstattung um 1760.

WERDER (bei Jüterbog) (VI 2). *Dorfkirche,* spätromanischer Feldsteinbau mit querrechteckigem Westturm und spätgotischem Backstein-Glockengeschoß; Kanzel Anfang 18. Jh., Taufstein vermutlich 13. Jh.

WERDER (bei Neuruppin) (II 2). *Dorfkirche,* Fachwerkbau von 1726 mit schlichter Ausstattung.

WERDER (bei Potsdam) (V 1). *Pfarrkirche,* stattlicher neugotischer Backsteinbau 1857 nach Entwurf von F. A. Stüler; reiche Ausstattung der Entstehungszeit, Gemälde (Christus als Apotheker) Ende 17. Jh.

WERDER (bei Strausberg) (III 3). *Dorfkirche,* spätromanischer Feldsteinbau (um 1250) mit spätgotischem Westturm; spätmittelalterlicher Taufstein.

WERGZAHNA (V 2). *Dorfkirche,* spätromanischer Bau mit Fachwerk-Dachreiter; Altaraufsatz 2. Hälfte 17. Jh., Kanzel um 1700, Orgelprospekt 1. Hälfte 19. Jh.

WERNEUCHEN (III 3). *Pfarrkirche,* neugotischer Backsteinbau von 1873 mit spätgotischem Feldsteinchor (nach 1500). – Westlich der Kirche *Gruftbau,* klassizistisch Anfang 19. Jh. in den Formen der Gilly-Schule.

WERNIKOW (II 1). *Dorfkirche,* kleiner mittelalterlicher Feldsteinbau (13. Jh.) mit Westturm von 1890; Altaraufsatz 1722, Kanzel Anfang 17. Jh.

WERNSDORF (VI 1). *Dorfkirche,* klassizistischer Putzbau von 1803 mit schlichter Ausstattung.

WESERAM (II 3). *Dorfkirche,* schlichter Barockbau von 1752/53 mit Westturm; Kanzelaltar 1. Hälfte 18. Jh.

WIEPERSDORF (bei Jüterbog) (VI 2). *Schloß* (Ferienheim), schlichter zweigeschossiger Barockbau (1731–1738), flankiert von eingeschossigen Flügelbauten, die Gartenseite um 1880 verändert und ergänzt, im Erdgeschoß des Hauptbaus Gartensaal mit zwei Marmorkaminen. – Im *Park* (angelegt um 1800) Sandsteinfiguren (18. Jh.) italienischer Herkunft und *Orangerie,* eingeschossiger Putzbau auf halbkreisförmigem Grundriß. – Nördlich des Schlosses die *Dorfkirche,* im Kern mittelalterlich, 1894/95 romanisierend umgebaut; reicher Kanzelaltar 1711, Grisaille-Wandbild (Flucht nach Ägypten) 1847. – Beim Chor der Kirche *Erbbegräbnis* der Familie v. Arnim, hier die Gräber von Achim und Bettina v. Arnim.

WIESENBURG (V 1). *Schloß* (Oberschule), unregelmäßige zweigeschossige Vierflügelanlage (urspr. mittelalterliche Burg, 1547 abgebrannt, nach 1550 neu gebaut, 1864–1866 von O. Mothes wiederhergestellt und verändert), neben dem Eingangstor runder 48 m hoher Bergfried der alten Burg, mehrere Renaissance-Portale, sog. Männekentor, in der Mitte des Hofes Brunnen von

1609, vor der Gartenfront ausgedehnte Terrassenanlage. – Großer *Landschaftspark* (1868–1880), dendrologische Seltenheiten. – *Pfarrkirche,* einschiffiger spätromanischer Granitbau (13. Jh., 1769 und 1852 erneuert), mit Querschiff, Chor mit Apsis, Turm von 1880; reicher Altaraufsatz (gestiftet 1562).

WIETSTOCK (VI 1). *Dorfkirche,* schlichter barocker Putzbau von 1746 mit einheitlicher Ausstattung.

WILDBERG (II 2). *Dorfkirche,* Ostteil spätromanisch (1. Hälfte 13. Jh.), Westteil und Turm spätgotisch (15. Jh.), Turmhelm 1698; gemaltes Epitaph nach 1661.

WILDENAU (VI 2). *Dorfkirche,* schlichter Renaissancebau um 1600; Altaraufsatz und Taufstein der Entstehungszeit.

WILDENBRUCH (V 1). *Dorfkirche,* spätromanischer Feldsteinbau (um 1230/40) mit querrechteckigem Westturm und Fachwerk-Turmaufsatz von 1737.

WILDPARK (südlich von Potsdam in der Nähe des heutigen Hauptbahnhofs) (V 1). Ausgedehntes Wildgehege in der sog. Pirschheide, angelegt 1841/42 nach einem Plan von P. J. Lenné, darin Bayrisches Häuschen (1847 von Hesse) und Wildmeisterhäuser (um 1841 nach Entwürfen von Persius).

WILLMERSDORF (III 3). *Dorfkirche,* stattlicher spätromanischer Feldsteinbau (1. Hälfte 13. Jh.) mit querrechteckigem Westturm (doppeltürmiger Abschluß erst um 1890), Anfang 16. Jh. zur zweischiffigen Anlage umgebaut und eingewölbt.

WILMERSDORF (bei Angermünde) (III 2). *Herrenhaus,* Dreiflügelanlage aus Fachwerk (18. Jh.), der Hauptbau zweigeschossig, die wohl später angefügten Seitenflügel eingeschossig.

WILMERSDORF (bei Fürstenwalde) (VII 1). *Dorfkirche,* Neubau (1881–1883) mit Benutzung von Resten eines mittelalterlichen Feldsteinbaus; spätgotische Anna selbdritt Anfang 16. Jh., Epitaph nach 1693, v. Rohr.

WILMERSDORF (bei Pritzwalk) (I 1). *Dorfkirche,* kleiner Fachwerkbau Anfang 19. Jh.; Kanzelaltar 1. Hälfte 19. Jh.

WILSNACK, BAD (I 2). *Wallfahrtskirche St. Nikolaus* (Wunderblutkirche), dreischiffige spätgotische Backstein-Hallenkirche (begonnen 1384, vollendet um 1430) mit Querschiff, Kreuzrippengewölben und massigen Rundpfeilern, an der Ostseite des Querschiffes Kapellen und Emporen, an der Westwand des südlichen Querschiffsarmes Wandgemälde (hl. Christophorus) aus dem 15. Jh., in den Chorfenstern Glasgemälde (u. a. St. Michael mit der Sündenwaage, Christus am Kreuz mit Maria und Johannes) aus 2. Viertel 15. Jh., Renaissance-Westgiebel (2. Hälfte 16. Jh.) mit breiten Gurtgesimsen und kleinen Rundbogenöffnungen bzw. -blenden, Dachreiter. Besonders bemerkenswerte Ausstattungsstücke: Spätgotische Flügelaltäre, auf dem Altar übereinander aufgestellt (unten Maria und Apostel, oben Maria und zwei Heilige), 15. Jh. Tragaltar (auf den Flügeln Maria und Heilige, Flachrelief) um 1400. Osterleucher Ende 14. Jh. Taufstein 15. Jh. Standbild des Bischofs Johann v. Wöpelitz 15. Jh. Maria mit zwölfjährigem Jesus 15. Jh. Standbild eines gekrönten Ritters 15. Jh. Christuskopf Anfang 15. Jh. Wunderblutschrein (in der oberen Hälfte kniender Papst mit Gefolge, Gemälde) 2. Hälfte 15. Jh. Spätgotische Bildwerke (Kruzifix, Maria, Christus in der Rast). Kanzel Ende 17. Jh. Orgelempore 17. Jh. – *Schloß* (Schule), zweigeschossiger Barockbau (1. Hälfte 18. Jh.), Mittelrisalit mit Giebeldreieck. – An der Rückseite des Schlosses alter *Schwibbogen-Hochgang* zur Kirche.

WITTBRIETZEN (V 1). *Dorfkirche,* spätromanischer Feldsteinbau (um 1230/40) mit querrechteckigem Westturm, 1847 historisierend ausgebaut; figürlicher Grabstein 16. Jh., v. Flans.

WITTENBERGE (I 2). *Steintorturm,* gotischer Backsteinbau (Anfang 14. Jh.), an der Stadtseite drei große Spitzbogenblenden.

WITTSTOCK (II 1). Entstehung der Siedlung in Anlehnung an die Burg der Bischöfe von Havelberg, um 1240 planmäßig zur Stadt erweitert, unregelmäßige Kreisform, Straßen von der Burg zur Stadt radial geführt, in der Stadt Straßengitternetz mit gro-

Wittstock, Torturm der Oberburg

Wittstock, Marienkirche, Hochaltar

ßem rechteckigem Markt. Von der ***Burg*** (gegründet Anfang 13. Jh.) nur der wuchtige Torturm der Oberburg (Mitte 13. Jh.) und Mauerreste erhalten; die sehr starke ***Stadtbefestigung*** hingegen fast unversehrt, Mauer mit zahlreichen halbrunden und rechteckigen Wehrtürmen, ferner Gröper Tor, gotischer Backsteinbau (14. Jh., wahrscheinlich 1503 umgestaltet) mit Blendengliederung. – ***Heimatmuseum*** (Amtshof 5), u. a. Ur- und Frühgeschichte des Kreisgebietes, Wittstock als Residenz der Bischöfe von Havelberg, bäuerliche Volkskultur. – ***Pfarrkirche St. Marien,*** dreischiffige gotische Backstein-Hallenkirche (Turm und Westteil des Langhauses 1. Hälfte 14. Jh., Ostteil mit Chor 2. Hälfte 15. Jh.) mit Kreuzrippengewölben, an der Nordseite Marienkapelle (1484), an der Südseite Kapelle mit zwei Staffelgiebeln (1498), im Innern reiches Portal, Westturm mit Barockhaube von

1704. Bemerkenswerte Ausstattungsstücke: Spätgotischer Hochaltar, aus zwei Flügelaltären zusammengesetzt, der untere Altar (im Schrein Marienkrönung sowie die Hll. Anna und Dorothea) um 1530 aus der Werkstatt des Lübecker Bildschnitzers C. Berg, der obere (Maria in der Strahlensonne) eine süddeutsche Arbeit vom Anfang des 16. Jh. Maria mit Kind um 1400. Kanzel 1608. Taufe 2. Hälfte 17. Jh. Spätgotisches Sakramentshäuschen 1516. – *Kapelle zum Hl. Geist,* 1733 umgebauter einschiffiger spätgotischer Backsteinbau (15. Jh.), Turm (um 1500) mit barocker Laterne.

WITZKE (II 3). *Dorfkirche,* Fachwerkbau von 1820 mit hölzernem Tonnengewölbe; Kanzelaltar der Entstehungszeit, Epitaph nach 1717.

WOLFSHAGEN (I 1). *Dorfkirche,* Fachwerkbau vermutlich spätes 16. Jh.; Kanzel Anfang 18. Jh., kleines spätgotisches Kruzifix, Gedächtnisschilde 16. und 17. Jh., figürlicher Grabstein nach 1579. – *Herrenhaus,* stattlicher zweigeschossiger Barockbau (um 1780) in Winkelform.

WOLLENBERG (III 3). *Dorfkirche,* frühgotischer Feldsteinbau (2. Hälfte 13. Jh.) mit verbrettertem Dachturm (um 1790); Altaraufsatz und Kanzel 1608.

WOLLIN (V 1). *Dorfkirche,* Barockbau von 1751 mit Westturm; Kanzelaltar der Entstehungszeit.

WOLSIER (I 3). *Dorfkirche,* Ziegelfachwerkbau von 1752; Kanzelaltar 1772 von Meister Plau aus Friesack, Taufe Ende 17. Jh.

WOLTERSDORF (bei Angermünde) (IV 1). *Dorfkirche,* Feldsteinbau 13. Jh.; Kanzel, Orgelempore und Gestühl um 1700, spätgotischer Kronleuchter mit Marienfigur.

WRIEZEN (IV 3). *Pfarrkirche St. Marien,* dreischiffige spätgotische Backstein-Hallenkirche (im wesentlichen 2. Hälfte 15. Jh.), seit 1945 Ruine. – Ehemaliges *Magazin,* dreigeschossiger Speicherbau von 1791/92.

WÜNSDORF (VI 1). *Dorfkirche,* spätklassizistischer Putzbau (1841–1843) in der Art der Schinkel-Schule; schlichte Ausstattung der Entstehungszeit.

WÜRDENHAIN (VI 3). In der *Dorfkirche* spätgotischer Flügelaltar um 1500.

WULFERSDORF (bei Beeskow) (VII 1). *Dorfkirche,* im Kern mittelalterlicher Feldsteinbau, 1670 umgebaut und verputzt; gediegene barocke Ausstattung.

WULFERSDORF (bei Wittstock) (II 1). *Dorfkirche,* stattlicher spätgotischer Feldsteinbau (um 1515) mit querrechteckigem Westturm und blendengeschmücktem Ostgiebel; Kanzelaltar 1. Hälfte 17. Jh.

WULKOW (bei Frankfurt/Oder) (IV 3). *Dorfkirche,* frühbarocker Backsteinbau von 1687; Altaraufsatz Anfang 18. Jh., zwei Epitaphe frühes 18. Jh., v. Burgsdorff. – *Gruftkapelle,* reicher barocker Putzbau von 1695.

WULKOW (bei Kyritz) (II 2). *Dorfkirche,* kleiner Fachwerkbau um 1750; barockes Kruzifix.

WULKOW (bei Neuruppin) (II 2). *Dorfkirche,* spätgotischer Feldsteinbau mit blendengeschmücktem Backstein-Ostgiebel; einheitliche barocke Ausstattung von 1709, Wandepitaph 1611, Totenschild nach 1789.

WULKOW (bei Seelow) (IV 3). *Dorfkirche,* im Kern spätgotischer Feldsteinbau mit neugotischem Backstein-Westturm von 1874.

WUSCHEWIER (IV 3). *Dorfkirche* und *Schule* unter einem Dach, Fachwerkbau spätes 18. Jh.

WUSTERHAUSEN/DOSSE (II 2). Von der *Stadtmauer* Reste im Osten erhalten. – *Pfarrkirche St. Peter und Paul,* urspr. romanisch (Mitte 13. Jh.), im 14. Jh. zur Basilika, im 15. Jh. (geweiht 1479) zur dreischiffigen Hallenkirche umgewandelt, Kreuzrippengewölbe, Chor mit Umgang (Freilegung von Wandmalereien), an der Südseite Kapelle mit Staffelgiebel (um 1500), eingebauter Turm. Bemerkenswerte Ausstattungsstücke: Spätgotisches Triumphkreuz 2. Hälfte 15. Jh. Kanzel 1610 von J. Fischer. Taufstein 1712. Altaraufsatz und Orgelprospekt 18. Jh. Frühbarocke Nordempore mit zahlreichen Tafelbildern Anfang 17. Jh. Epitaphe 16. und 18. Jh. – *Friedhofskapelle St. Stephan,* einschiffiger spätgotischer Backsteinbau (15. Jh.) – *Fachwerk-Wohnhäuser* am Markt, vorwiegend zweigeschossig, 17.–18. Jh; *Rathaus,* spätklassizistischer Bau um 1840.

WUSTERMARK (II 3). *Dorfkirche* im Ortsteil Dyrotz, stattlicher Barockbau um 1750, Westturm mit Spitzhelm; reicher Kanzelaltar 1752, Taufe 1. Hälfte 17. jh.

WUSTERWITZ (V 1). *Dorfkirche,* stattlicher spätromanischer Feldsteinbau (um 1200) über kreuzförmigem Grundriß mit querrechteckigem Westturm (Fachwerkaufsatz 18. Jh.); Kanzel um 1600, großer spätgotischer Taufstein 15. Jh., Gemälde (Joseph mit Christuskind) 18. Jh., Triumphkreuz 1909 von H. Koch aus Magdeburg.

WUSTRAU (II 2). *Schloß,* zweigeschossiger barocker Putzbau um 1750, um 1890 überarbeitet und durch seitliche Anbauten erweitert. – *Landschaftspark* um 1840 wahrscheinlich nach einem Entwurf von P. J. Lenné. – *Dorfkirche,* stattlicher Barockbau von 1781 mit quadratischem Westturm und neuromanischer Apsis von 1883; spätgotischer Flügelaltar (im Schrein Verkündigung) um 1470/80, sechs Apostelfiguren um 1400, Epitaph für den Husarengeneral H. J. v. Ziethen nach 1781. An der Nordseite der Kirche Grab des Generals.

WUSTROW (IV 2). *Dorfkirche,* verputzter Fachwerkbau von 1789 über annähernd quadratischem Grundriß, Westturm von 1832; schlichte Ausstattung der Entstehungszeit.

WUTHENOW (II 2). *Dorfkirche,* klassizistischer Saalbau 1835/36 von Ch. L. Jacobi in der Art der Schinkel-Schule; gediegene Ausstattung der Entstehungszeit, ferner drei Gemälde (u. a. Ansicht von Neuruppin 1694) und drei Kronleuchter 18. und 19. Jh.

WUTIKE (II 2). *Dorfkirche,* spätgotischer Feldsteinbau (15. Jh.) mit querrechteckigem Westturm, im Osten Fachwerkanbau um 1630; reicher Altaraufsatz 1630, Taufengel 18. Jh., Gemälde (Heilige Familie) um 1750.

Z

ZAATZKE (II 1). *Dorfkirche,* Fachwerkbau von 1668 mit verbrettertem Turmaufsatz von 1730; Kanzelaltar um 1700. – *Herrenhaus* (Schule), schlichter zweigeschossiger Barockbau (18. Jh.) mit Mansarddach.

ZABELSDORF (III 2). *Dorfkirche,* frühgotischer Feldsteinbau (13. Jh.) mit querrechteckigem Westturm; Kanzelaltar 18. Jh.

ZACHOW (II 3). *Dorfkirche,* im Kern spätgotischer Backsteinbau mit quadratischem Westturm und blendengeschmücktem Ostgiebel, um 1715 barock überarbeitet; Kanzelaltar 1717 von J. M. Hirn aus Berlin.

ZECHLIN, DORF (II 1). *Dorfkirche,* spätgotischer Feld- und Backsteinbau vermutlich von 1549; Altaraufsatz 1722 von Tischlermeister Kühne, Altargemälde von Ch. L. Schlichting.

ZECHLIN, FLECKEN (II 1). *Dorfkirche,* schlichter Barockbau von 1775; Kanzelaltar um 1650, Taufe 1. Hälfte 17. Jh., Kreuzigungsgruppe 2. Hälfte 16. Jh.

ZEESEN (VI 1). *Herrenhaus,* eingeschossiger Putzbau (Anfang 19. Jh.) mit Mittelrisalit und Mansarddach, seitlich ehemaliges Kavaliersgebäude.

ZEHDENICK (III 2). Von dem ehemaligen *Zisterzienser-Nonnenkloster* (gegründet 1230, abgebrannt 1801) erhalten: Gebäude südlich der einstigen Kirche und nördlicher Kreuzgangflügel, zweischiffige Räume mit Kreuzrippengewölben, ferner Ruine des Konventshauses, sonst nur Mauerreste, teilweise in neuere Häuser eingebaut. – *Amtshaus,* zweigeschossiger Bau (um 1750), an der Südseite Mittelrisalit mit Pilastern. – *Rathaus,* schlichter klassizistischer Bau (nach 1801) mit Mittelrisalit. – *Pfarrkirche,* einschiffiger klassizistischer Bau (1803–1812), Turm mit Haube und Laterne. – *Schloß* (östlich der Havel, Internat), eingeschossiger verputzter Fachwerkbau (18. Jh.), im Nordosten Festsaalbau.

Zehdenick, Ehemaliges Kloster, nördlicher Kreuzgang

ZEPERNICK (III 3). ***Dorfkirche,*** stattlicher neugotischer Backsteinbau von 1889 mit Benutzung von Teilen eines Feldsteinbaus aus dem 13. Jh.

ZERNIKOW (bei Gransee) (II 2). ***Dorfkirche,*** Feldsteinbau 13. Jh., 1777 barock umgebaut; schlichte Ausstattung der Umbauzeit. – Südlich der Kirche ***Erbbegräbnis*** von 1777, v. Fredersdorf. – ***Schloß,*** zweigeschossiger Barockbau von 1746 mit Mansarddach, Gartensaal mit Stuckdecke, Eichenholztreppe.

ZERNITZ (II 2). ***Dorfkirche,*** Feld- und Backsteinbau (15. Jh.) mit querrechteckigem Westturm; Kanzelaltar 18. Jh.

ZERPENSCHLEUSE (III 2). ***Dorfkirche,*** Ziegelfachwerkbau von 1844/45; schlichte Ausstattung der Entstehungszeit. – ***Pfarrhaus,*** eingeschossiger Putzbau (18. Jh.) mit Krüppelwalmdach.

ZICHOW (IV 1). ***Schloß,*** zweigeschossiger Barockbau von 1745 über winkelförmigem Grundriß mit Benutzung von Resten einer mittelalterlichen Burg (Backstein-Rundturm 14. Jh.). – ***Giebellaubenhaus,*** eingeschossiger Fachwerkbau 18. Jh. – ***Dorfkirche,*** frühgotischer Feldsteinbau (2. Hälfte 13. Jh.) mit querrechteckigem

Ziesar, Schloßkapelle

Ziesar, Schloßkapelle, Altarretabel

Westturm und Turmaufsatz von 1883; spätgotisches Kruzifix nach 1500.

ZIECKAU (VI 2). *Herrenhaus,* dreigeschossiger spätklassizistischer Putzbau um 1850.

ZIESAR (V 1). Von dem ehemaligen *Schloß* der Bischöfe von Brandenburg der Rundturm der Vorburg (Backsteinbau Ende 15. Jh.) und der Granit-Bergfried der Hauptburg (kuppelartiger Helm Mitte 16. Jh.) erhalten. – *Schloßkapelle,* einschiffiger spätgotischer Backsteinbau (geweiht 1470) mit Kreuzrippengewölben, Empore nach dem Muster der Schloßkapelle in Wolmirstedt, farbige Ausmalung der Entstehungszeit. – *Pfarrkirche,* einschiffiger spätromanischer Granitbau (2. Hälfte 12. Jh., 1861 umgebaut und entstellt) mit Querschiff, drei Apsiden und querrechteckigem Turm; Grabstein 1383.

ZINNDORF (III 3). *Dorfkirche,* frühgotischer Feldsteinbau (2. Hälfte 13. Jh.) mit spätgotischem Westturm (14./15. Jh.); reicher Altaraufsatz 1606, spätmittelalterlicher Taufstein, spätgotische Anna selbdritt Anfang 16. Jh.

ZOLLCHOW (I 3). *Dorfkirche,* barocker Backsteinbau (2. Hälfte 18. Jh.) mit Benutzung älterer Grundmauern mit Westturm von 1849; Altarretabel 2. Hälfte 18. Jh., Kanzel 18. Jh., spätgotischer Taufstein, drei kleine spätgotische Schnitzfiguren, Gemälde (Kreuzigung) 1. Hälfte 18. Jh.

ZOOTZEN (II 1). *Dorfkirche,* neuromanischer Backsteinbau von 1893; Kanzel 2. Hälfte 17. Jh.

ZOSSEN (II 1). Im *Burgbezirk* nur das alte Torhaus (16. Jh., um 1800 Einbau eines Zwischengeschosses und Nutzung als Amtshaus) und die Ruine einer Bastion als letzter Rest der ehemaligen Festungsanlage erhalten. – Das *Schloß* (im Kern vermutlich Ende 16. Jh.) durch mehrfache Umbauten (zuletzt 1920) bis zur Unkenntlichkeit verändert. – *Dreifaltigkeitskirche,* langgestreckter barocker Saalbau (1739 von Bauinspektor Hedemann, 1873–1875 verändert), Turm im wesentlichen 1876. – *Haus Berliner Str. 1,* zweigeschossiger Barockbau (1783) mit Mansarddach.

ZÜTZEN (bei Golßen) (VI 2). In der *Dorfkirche* (15. Jh.) reicher Altaraufsatz von 1710.

ZÜTZEN (bei Schwedt) (IV 2). *Herrenhaus,* zweigeschossiger klassizistischer Putzbau um 1820, im späten 19. Jh. stark verändert. – Auf dem Wirtschaftshof *Speicher,* zweigeschossiger Feldsteinbau um 1800. – Weiträumiger *Landschaftspark* seit 1832 nach Plänen von P. J. Lenné. – *Dorfkirche,* Feldsteinbau (13. Jh.) mit Backstein-Staffelgiebel (um 1830); Kanzelkorb 1712/14 von Ch. Kiel, Taufstein 18. Jh., Taufengel 1703, an der Außenwand Doppelgrabstein nach 1513. – Auf dem Friedhof *Gruftbau* von 1792.

Zossen, Ehemalige Festung, Ruine einer Bastion

Register der Orte bzw. Ortsteile, die unter einem anderen Stichwort erscheinen:

Bildnachweis: Klaus Bergmann, Potsdam (S. 97, 108, vordere Klappe Mitte); Klaus G. Beyer, Weimar (8, 18, 19, 33, 51, 56, 67, 85, 86, 95, 100, 102, 103, 104/105, 106, 107, 115, 117, 119, 123); Bernd Blume, Klitzschen (59, 136); Institut für Denkmalpflege/ Joachim Fritz (13, 41, 71, 81); IfD/U.-E. Hänel (48, 130); IfD/ Regina Leßmann (34, 70, 79); IfD/Dieter Möller (11, 14, 17, 29, 39, 40, 47, 55, 60, 63, 65, 69, 77, 91, 109, 110, 129, 140, 150, 151, 152); IfD/W. Pilgrimm (134); IfD/G. Schröder (89); IfD/A. Tschilingirow (61); IfD/Renate Worel (52, 74, 149); Klaus König, Berlin (Umschlagfoto oben, 21, 24/25, 28, 38, 42, 46, 101, 112, 113, 133, 141, 144, 145, vordere Klappe unten); Hans Krumbholz, Berlin (7, 73, 76, 83); Renate und Roger Rössing, Leipzig (Umschlagfoto unten, 82, 132, vordere Klappe oben).

Umschlagfotos: Potsdam, Brandenburger Tor (Detail) und Schloß Sanssouci
Frontispiz (S. 2): Chorin, Giebel der Klosterkirche
Vordere Klappe oben: Frankfurt, Rathausgiebel
Mitte: Oranienburg, Schloß, Decke im Porzellankabinett
unten: Oranienburg, Lustgarten, Portal

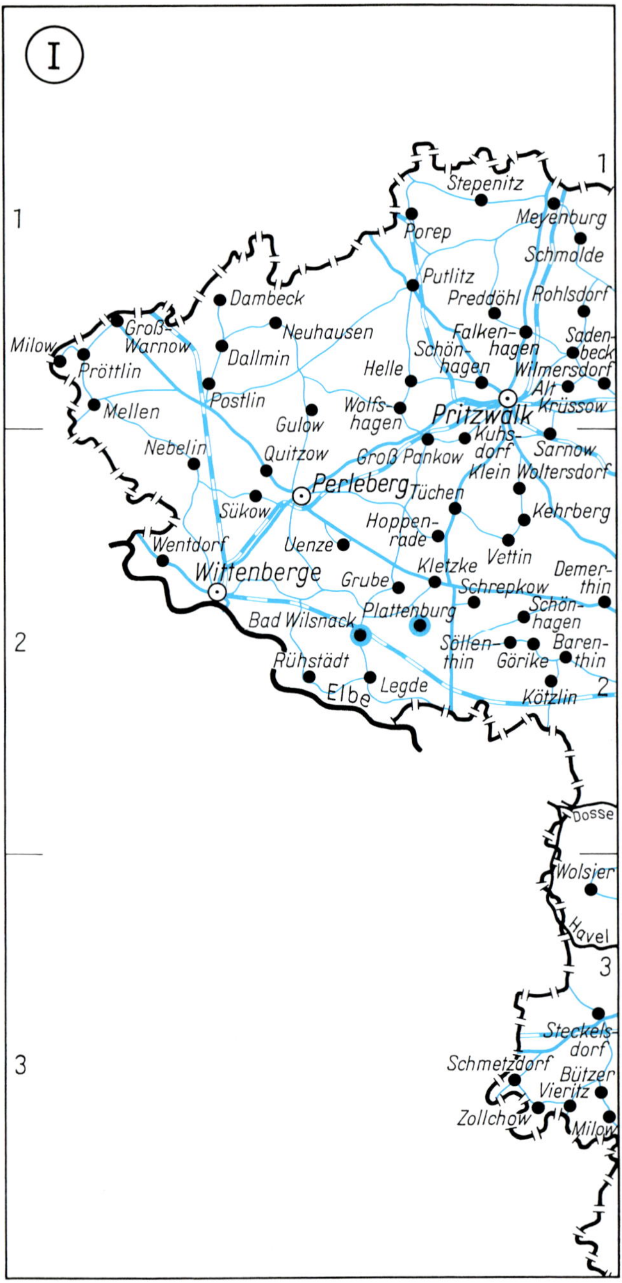
I
1
2
3
Stepenitz
Meyenburg
Porep
Schmolde
Putlitz
Preddöhl
Rohlsdorf
Dambeck
Neuhausen
Groß-
Warnow
Milow
Prüttlin
Dallmin
Falken-
hagen
Saden-
beck
Schön-
hagen
Helle
Wilmersdorf
Alt
Krüssow
Postlin
Mellen
Gulow
Wolfs-
hagen
Pritzwalk
Kuhs-
dorf
Sarnow
Nebelin
Quitzow
Groß Pankow
Klein Woltersdorf
Perleberg
Tüchen
Sükow
Kehrberg
Hoppen-
rade
Wentdorf
Uenze
Vettin
Wittenberge
Kletzke
Demer-
thin
Grube
Schrepkow
Plattenburg
Schön-
hagen
Bad Wilsnack
Söllen-
thin
Görike
Baren-
thin
Rühstädt
Legde
Kötzlin
Elbe
Dosse
Wolsier
Havel
Steckels-
dorf
Schmetzdorf
Bützer
Vieritz
Zollchow
Milow

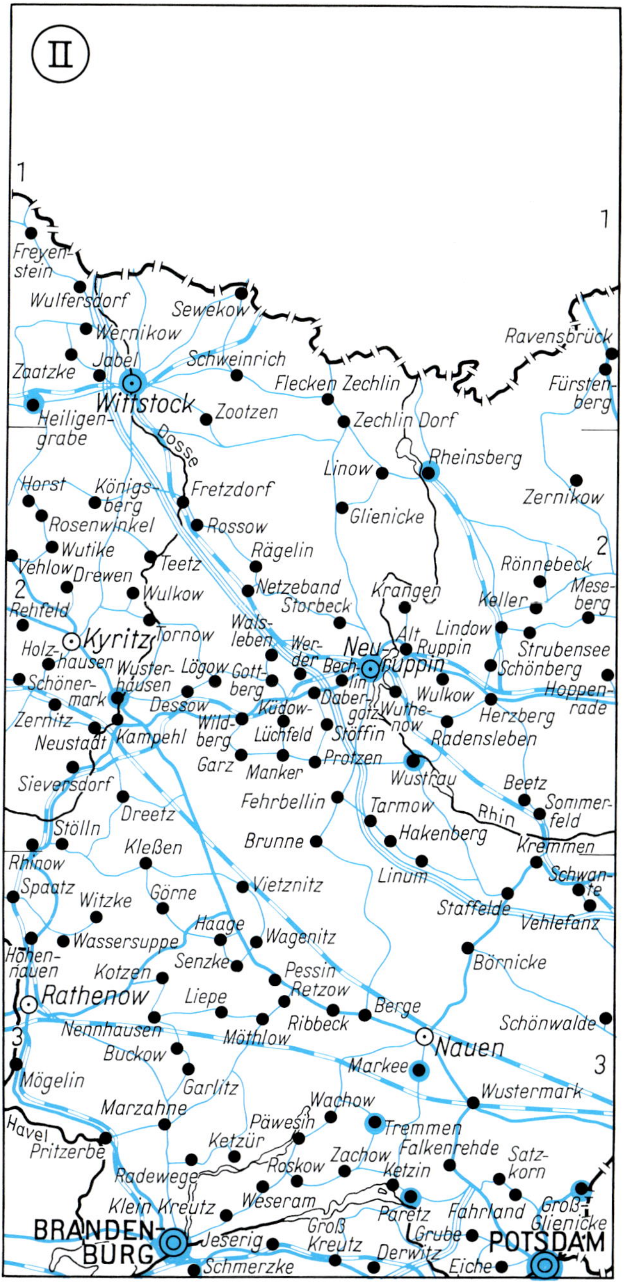
II
Freyenstein
Wulfersdorf
Sewekow
Wernikow
Zaatzke
Jabel
Schweinrich
Wittstock
Heiligengrabe
Zootzen
Flecken Zechlin
Zechlin Dorf
Ravensbrück
Fürstenberg
Dosse
Rheinsberg
Linow
Horst
Königsberg
Fretzdorf
Zernikow
Glienicke
Rosenwinkel
Rossow
Wutike
Rägelin
Vehlow
Drewen
Teetz
Rönnebeck
Netzeband
Krangen
Keller
Meseberg
Rehfeld
Wulkow
Storbeck
Walsleben
Tornow
Lindow
Kyritz
Werder
Neuruppin
Alt Ruppin
Strubensee
Holzhausen
Wusterhausen
Lögow
Gottberg
Bechlin
Schönberg
Schönermark
Dessow
Daber
Wulkow
Hoppenrade
Zernitz
Küdow
Wuthenow
Herzberg
Neustadt
Kampehl
Wildberg
Lüchfeld
Dabergotz
Stöffin
Radensleben
Garz
Manker
Protzen
Wustrau
Sieversdorf
Beetz
Fehrbellin
Tarmow
Sommerfeld
Rhin
Dreetz
Hakenberg
Stölln
Brunne
Kremmen
Rhinow
Kleßen
Linum
Schwante
Spaatz
Witzke
Görne
Vietznitz
Staffelde
Vehlefanz
Haage
Wagenitz
Wassersuppe
Senzke
Börnicke
Hohennauen
Kotzen
Pessin
Rathenow
Retzow
Liepe
Berge
Nennhausen
Ribbeck
Schönwalde
Möthlow
Nauen
Buckow
Markee
Mögelin
Garlitz
Wustermark
Marzahne
Wachow
Havel
Päwesin
Tremmen
Pritzerbe
Ketzür
Falkenrehde
Satzkorn
Roskow
Zachow
Radewege
Ketzin
Klein Kreutz
Weseram
Paretz
Fahrland
Groß Glienicke
BRANDENBURG
Groß Kreutz
Grube
Jeserig
Derwitz
POTSDAM
Schmerzke
Eiche
1
2
3

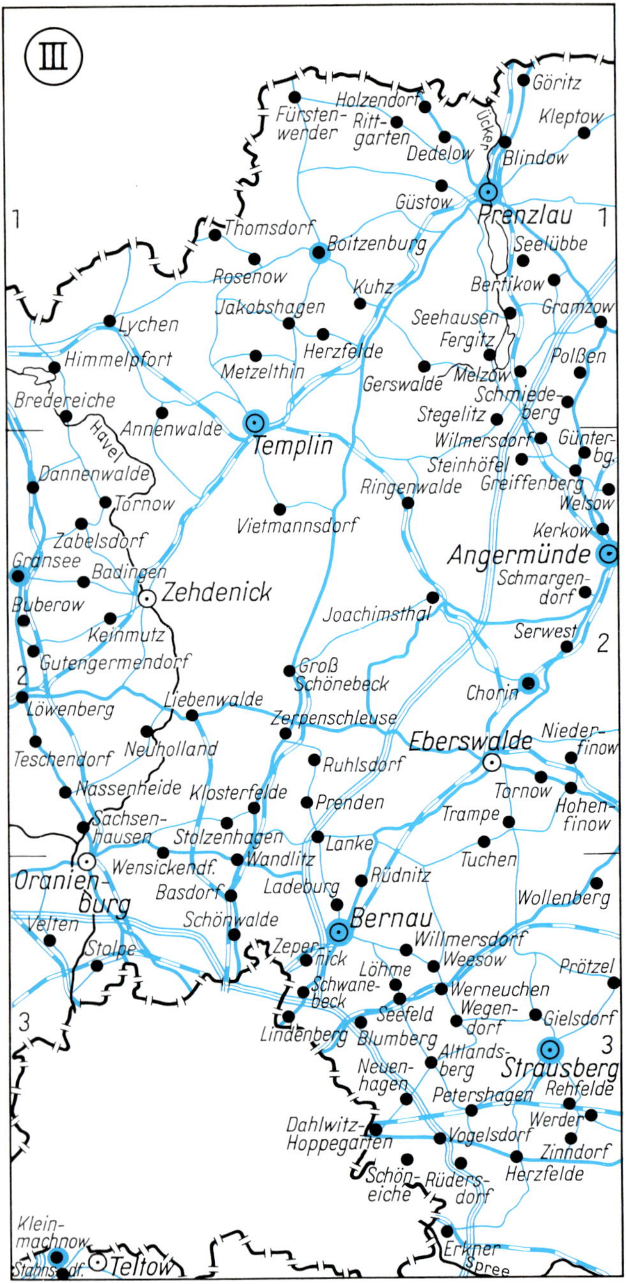
III
Göritz
Holzendorf
Fürsten-
werder
Ritt-
garten
Kleptow
Ücker
Dedelow
Blindow
Güstow
Prenzlau
Thomsdorf
Boitzenburg
Seelübbe
Rosenow
Kuhz
Bertikow
Jakobshagen
Gramzow
Lychen
Seehausen
Fergitz
Herzfelde
Himmelpfort
Metzelthin
Polßen
Gerswalde
Melzow
Bredereiche
Schmiede-
berg
Havel
Annenwalde
Templin
Stegelitz
Wilmersdorf
Günter-
bg.
Steinhöfel
Dannenwalde
Ringenwalde
Greiffenberg
Tornow
Welsow
Vietmannsdorf
Zabelsdorf
Kerkow
Angermünde
Gransee
Badingen
Zehdenick
Schmargen-
dorf
Buberow
Joachimsthal
Keinmutz
Serwest
Gutengermendorf
Groß
Schönebeck
Chorin
Löwenberg
Liebenwalde
Zerpenschleuse
Eberswalde
Nieder-
finow
Teschendorf
Neuholland
Ruhlsdorf
Tornow
Nassenheide
Klosterfelde
Prenden
Hohen-
finow
Sachsen-
hausen
Trampe
Stolzenhagen
Lanke
Oranien-
burg
Wensickendf.
Wandlitz
Tuchen
Basdorf
Ladeburg
Rüdnitz
Wollenberg
Velten
Schönwalde
Bernau
Willmersdorf
Stolpe
Zeper-
nick
Weesow
Prötzel
Löhme
Schwane-
beck
Werneuchen
Seefeld
Wegen-
dorf
Gielsdorf
Lindenberg
Blumberg
Altlands-
berg
Strausberg
Neuen-
hagen
Petershagen
Rehfelde
Dahlwitz-
Hoppegarten
Werder
Vogelsdorf
Zinndorf
Herzfelde
Schön-
eiche
Rüders-
dorf
Klein-
machnow
Erkner
Spree
Stahnsdf.
Teltow

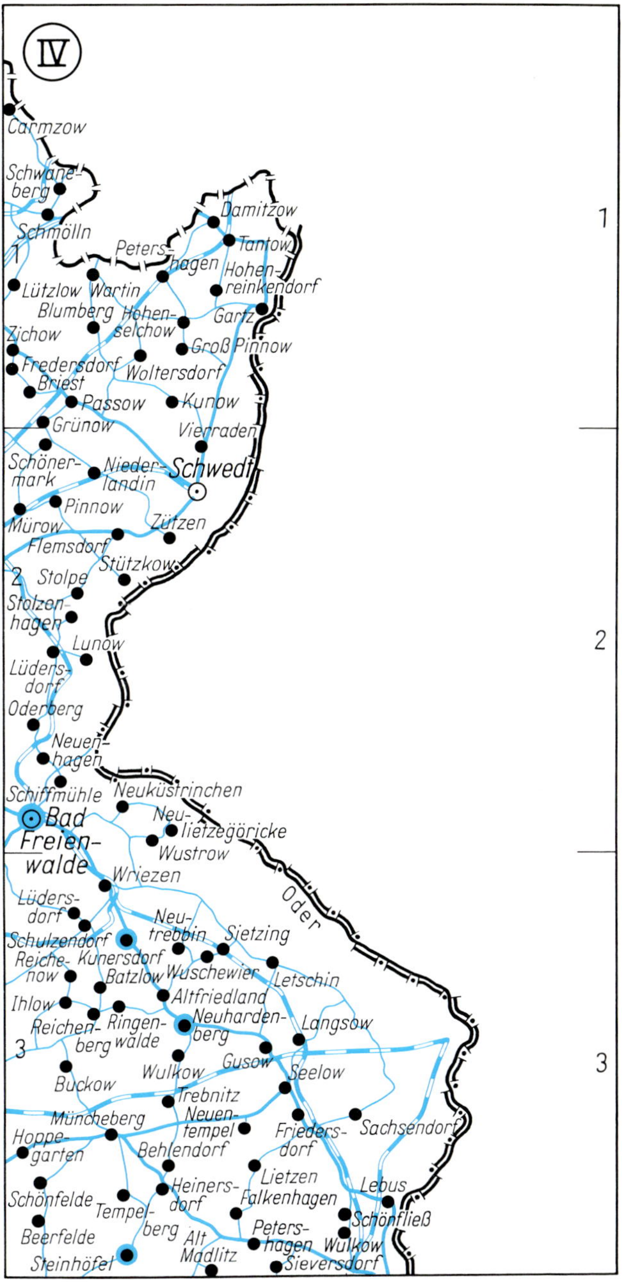
IV
Carmzow
Schwanenberg
Schmölln
Damitzow
Tantow
Petershagen
Hohenreinkendorf
Lützlow
Wartin
Blumberg
Hohenselchow
Gartz
Zichow
Groß Pinnow
Fredersdorf
Woltersdorf
Briest
Passow
Kunow
Grünow
Vierraden
Schönermark
Niederlandin
Schwedt
Pinnow
Mürow
Zützen
Flemsdorf
Stützkow
Stolpe
Stolzenhagen
Lunow
Lüdersdorf
Oderberg
Neuenhagen
Schiffmühle
Neuküstrinchen
Bad Freienwalde
Neulietzegöricke
Wustrow
Wriezen
Lüdersdorf
Oder
Neutrebbin
Sietzing
Schulzendorf
Reichenow
Kunersdorf
Wuschewier
Letschin
Batzlow
Ihlow
Altfriedland
Reichenberg
Ringenwalde
Neuhardenberg
Langsow
Gusow
Wulkow
Seelow
Buckow
Trebnitz
Müncheberg
Neuentempel
Friedersdorf
Sachsendorf
Hoppegarten
Behlendorf
Lietzen
Lebus
Schönfelde
Heinersdorf
Falkenhagen
Tempelberg
Schönfließ
Beerfelde
Alt Madlitz
Petershagen
Wulkow
Steinhöfel
Sieversdorf
1
2
3

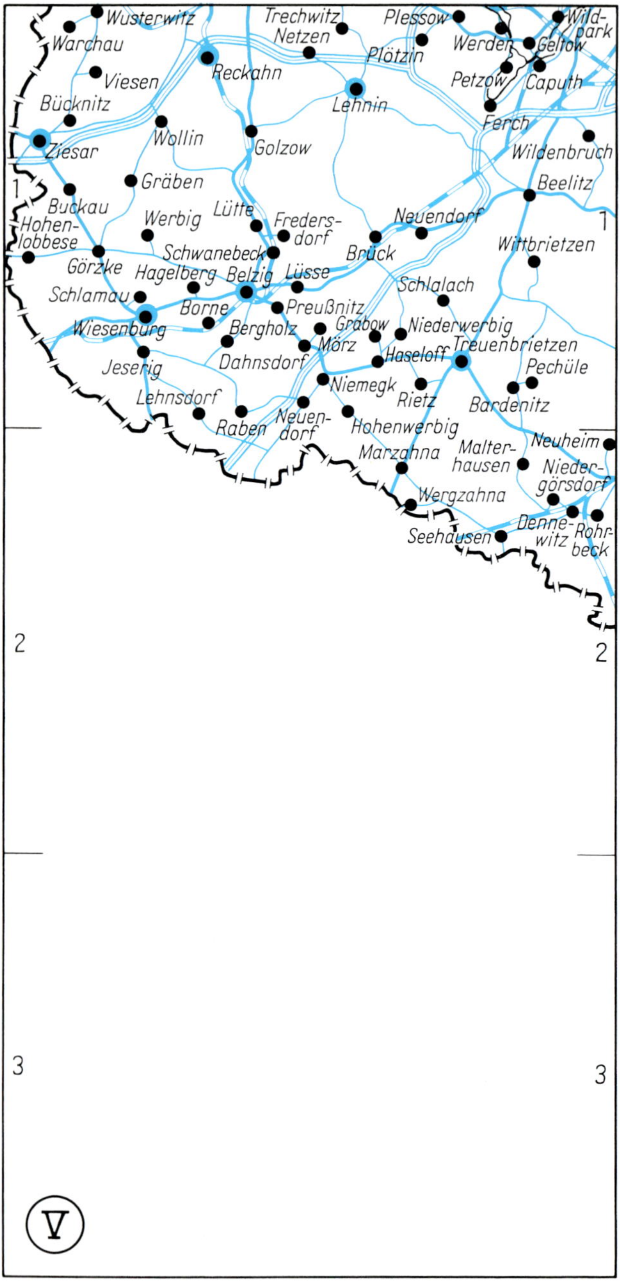
Wusterwitz
Trechwitz
Plessow
Wild-
park
Warchau
Netzen
Werder
Geltow
Reckahn
Plötzin
Viesen
Petzow
Caputh
Lehnin
Bücknitz
Ferch
Wollin
Ziesar
Golzow
Wildenbruch
1
Gräben
Beelitz
Buckau
Lütte
Freders-
dorf
Neuendorf
1
Hohen-
lobbese
Werbig
Wittbrietzen
Schwanebeck
Brück
Görzke
Hagelberg
Belzig
Lüsse
Schlalach
Schlamau
Borne
Preußnitz
Grabow
Niederwerbig
Wiesenburg
Bergholz
Mörz
Treuenbrietzen
Haseloff
Pechüle
Jeserig
Dahnsdorf
Niemegk
Rietz
Bardenitz
Lehnsdorf
Raben
Neuen-
dorf
Hohenwerbig
Neuheim
Marzahna
Malter-
hausen
Nieder-
görsdorf
Wergzahna
Denne-
witz
Rohr-
beck
Seehausen
2
2
3
3
V

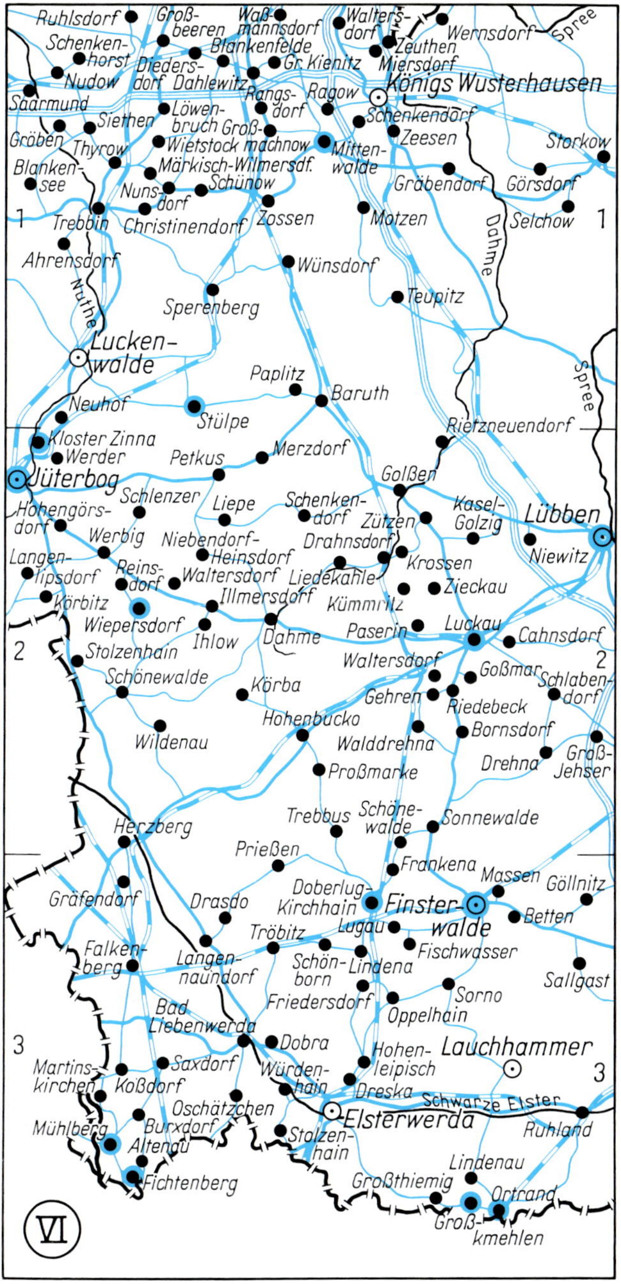
Ruhlsdorf
Groß-beeren
Waß-mannsdorf
Walters-dorf
Wernsdorf
Spree
Schenken-horst
Blankenfelde
Zeuthen
Nudow
Dieders-dorf
Dahlewitz
Gr. Kienitz
Miersdorf
Saarmund
Rangs-dorf
Ragow
Königs Wusterhausen
Löwen-bruch
Groß-machnow
Schenkendorf
Gröben
Siethen
Wietstock
Mitten-walde
Zeesen
Storkow
Thyrow
Märkisch-Wilmersdf.
Blanken-see
Nuns-dorf
Schünow
Gräbendorf
Görsdorf
1
Trebbin
Christinendorf
Zossen
Motzen
Dahme
Selchow
1
Ahrensdorf
Wünsdorf
Nuthe
Sperenberg
Teupitz
Lucken-walde
Spree
Paplitz
Baruth
Neuhof
Stülpe
Rietzneuendorf
Kloster Zinna
Merzdorf
Werder
Petkus
Jüterbog
Golßen
Schlenzer
Liepe
Schenken-dorf
Kasel-Golzig
Lübben
Hohengörs-dorf
Zützen
Werbig
Niebendorf-Heinsdorf
Drahnsdorf
Niewitz
Langen-lipsdorf
Reins-dorf
Waltersdorf
Liedekahle
Krossen
Zieckau
Körbitz
Illmersdorf
Kümmritz
Wiepersdorf
Dahme
Paserin
Luckau
Cahnsdorf
2
Stolzenhain
Ihlow
Waltersdorf
2
Goßmar
Schlaben-dorf
Schönewalde
Körba
Gehren
Riedebeck
Hohenbucko
Bornsdorf
Wildenau
Walddrehna
Groß-Jehser
Drehna
Proßmarke
Trebbus
Schöne-walde
Sonnewalde
Herzberg
Prießen
Frankena
Massen
Göllnitz
Gräfendorf
Doberlug-Kirchhain
Drasdo
Finster-walde
Betten
Tröbitz
Lugau
Falken-berg
Fischwasser
Langen-naundorf
Schön-born
Lindena
Sallgast
Friedersdorf
Sorno
Bad Liebenwerda
Oppelhain
3
Dobra
Hohen-leipisch
Lauchhammer
3
Martins-kirchen
Saxdorf
Würden-hain
Koßdorf
Dreska
Schwarze Elster
Oschätzchen
Elsterwerda
Mühlberg
Burxdorf
Ruhland
Altenau
Stolzen-hain
Lindenau
Fichtenberg
Großthiemig
Ortrand
Groß-kmehlen
VI

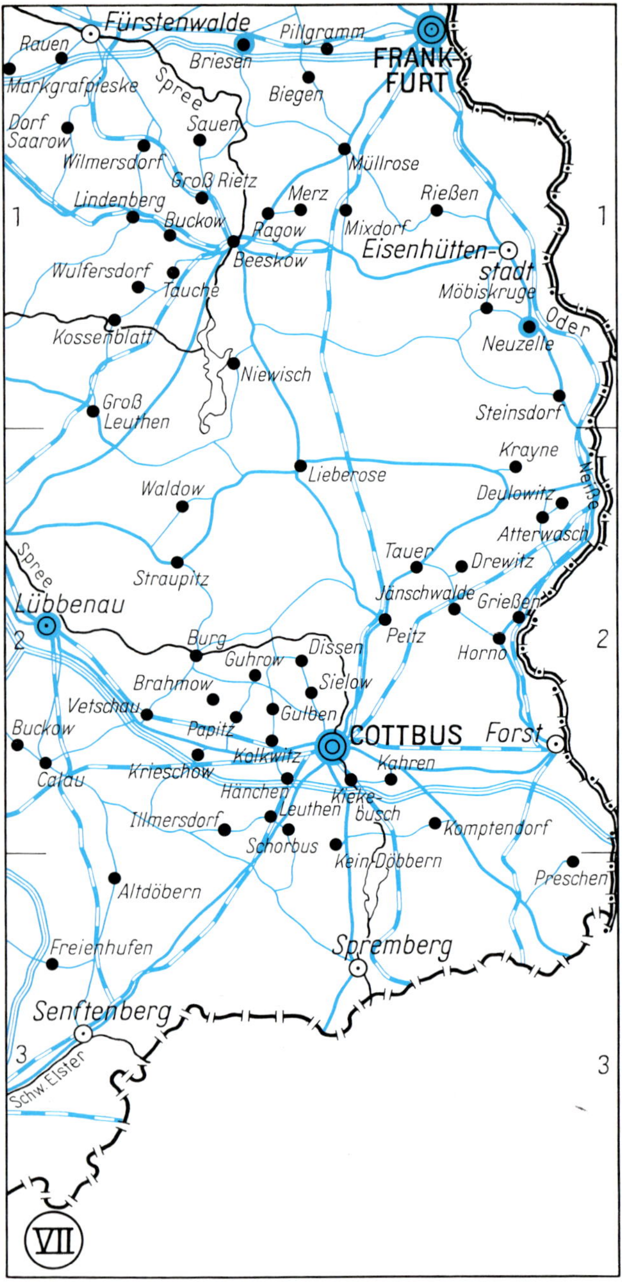
Fürstenwalde
Rauen
Briesen
Pillgramm
FRANK-
FURT
Markgrafpieske
Spree
Biegen
Dorf
Saarow
Sauen
Wilmersdorf
Müllrose
Groß Rietz
Lindenberg
Merz
Rießen
1
Buckow
Ragow
Mixdorf
1
Beeskow
Eisenhütten-
stadt
Wulfersdorf
Tauche
Möbiskruge
Oder
Kossenblatt
Neuzelle
Niewisch
Groß
Leuthen
Steinsdorf
Krayne
Lieberose
Waldow
Deulowitz
Neiße
Atterwasch
Spree
Tauer
Drewitz
Straupitz
Jänschwalde
Grießen
Lübbenau
Peitz
2
Burg
Dissen
Horno
2
Guhrow
Brahmow
Sielow
Vetschau
Gulben
Buckow
Papitz
COTTBUS
Forst
Kolkwitz
Kahren
Calau
Krieschow
Hänchen
Kieke-
busch
Leuthen
Illmersdorf
Komptendorf
Schorbus
Kein Döbbern
Preschen
Altdöbern
Spremberg
Freienhufen
Senftenberg
3
Schw. Elster
3
VII